制度有了，看你怎么抓落实

ZHIDU YOULE KANNI ZENME ZHUALUOSHI

张俊杰◎著

成都时代出版社
CHENGDU TIMES PRESS

图书在版编目(CIP)数据

制度有了，看你怎么抓落实 / 张俊杰著. -- 成都：成都时代出版社，2014.4

ISBN 978-7-5464-1080-7

Ⅰ. ①制… Ⅱ. ①张… Ⅲ. ①企业管理 Ⅳ. ①F270

中国版本图书馆 CIP 数据核字(2014)第 016821 号

制度有了，看你怎么抓落实

张俊杰◆著

出 品 人　段后雷
责任编辑　周　慧
责任校对　李　航
装帧设计　李艳春
责任印制　干燕飞

出版发行　成都时代出版社
电　　话　(028) 86621237（编辑部）
　　　　　(028) 86615250（发行部）
网　　址　www.chengdusd.com
印　　刷　北京晨旭印刷厂
纸张尺寸　880mm×1230mm　1/32
印　　张　13
字　　数　250 千
版　　次　2014 年 4 月第 1 版
印　　次　2015 年 10 月第 4 次印刷
书　　号　ISBN 978-7-5464-1080-7
定　　价　32.00 元

序言

制度打天下，落实定江山

有制度不落实，比没有制度的危害还要大。

任何时候，落实能力都是决定商业竞争、公司经营成败的根本。构想再伟大，制度再完美，离开强大的执行力也会成为镜中月、水中花。

许多公司都制定了成套的规章制度，但是都流于“口号管理”，目标没有落实到具体的计划上，更没有订立赏罚标准，于是良性的管理也就无从谈起了。现实社会中，有多少雄心勃勃的公司在制定好制度之后却不了了之，又有多少公司守着完美的制度走向破产。

执行是一个公司发展的原动力，落实是管理举措发挥效力的保障。从根本上说，管理的落脚点在于制度的执行，管理的最终效果体现在员工能否有效落实公司的各项规定。

中国创业教父马云说：“三流的点子加上一流的执行，强于一流的点子加上三流的执行。”他能够带领阿里巴巴一路狂奔，成为国内电商的巨头，离不开强大的执行力、落实力。从某种意义上说，执行任务、落实制度是一个创造价值、发现问题的过程。只有真抓实干，才能把规章制度当回事。星巴克、麦当劳的经营手段和管理制度早就公开于大庭广众之下，但没有一家同行公司能够与之争高下。原因就在于员工能不折不扣地执行公司的制度。用制度管人，按规章办事，是许多公司成功的秘诀。但是，仅有科学合理的制度还不够，只有借助强大的执行力，抓好各项落实工作，才能建立竞争优势、创造商业奇迹，正所谓“制度打天下，落实定江山”。

日常管理中，影响制度落实的因素很多，比如责任缺失、领导无力、中层缺位、意识淡漠、拖延内耗等等。本书针对这些问题层层解构，分析问题所在，提供建议指导，帮助组织领导、公司管理者、商业人士、创业人员掌握制度落实的要义，让你的梦想、计划、口令不再成为一纸空文。

目 录

第一辑
三分制度，七分执行，制度是基础，执行是关键

第二辑

千万别拿制度当花瓶，有了制度不执行，比没有制度更糟糕

第三辑

执行要到位，责任先到位，确保每项工作执行到人

第四辑

老板不“狠”，公司不稳，执行制度重在领导有方

第五辑

抓落实的关键是抓中层，中层干部决定制度落实的成败

第六辑

全力打造落实型员工，员工的胜任力决定制度成效

第七辑

用纪律强化规矩意识，引导大家养成按制度办事的习惯

第八辑

没有如果，只有结，落实的关键是用结果说话

第九辑

打赢制度落实宣传战，别让制度躺在老板的办公室里

第十辑

员工只做老板即将检查的事，没有监督就没有落实

第十一辑

制度表格化，流程标准化，养成用数据说话的习惯

第十二辑

奖赏按制度办事的人，激励是落实规章制度的有效手段

第十三辑

创造遵守制度的严肃环境，始终维护制度的权威

第十四辑

落实拼的是速度和效率，打赢内耗治理这场硬仗

第十五辑

绝对服从才有高效执行，制度面前不找任何借口

第十六辑

无情的制度，有情的领导，找到制度化与人性化的结合点

第十七辑

组织架构与制度落实，制度体系要与流程体系相融合

第十八辑

执行到位不拖延，立即行动是抓好落实的保证

第十九辑

在落实中修正制度缺陷，制度必须以贯彻落实为导向

第一辑

三分制度，七分执行，制度是基础，执行是关键

一个公司的兴衰与制度有着密不可分的关系。实现有序管理不仅需要科学完善的制度，更离不开有效得力的执行。正所谓“制度是银，落实是金”，制度有了，关键还要看执行。

1. 制度是公司成功的基石

俗话说，“没有规矩不成方圆”。如果一个公司没有制度，在某一段时间也许能混下去，甚至在某一阶段、某一件事情上还会显得很有效率，但是对公司的长远发展会产生极大的危害。一个公司管得好，能长久发展下去，从根本上说有赖于严明的制度与纪律。

(1) 公司应制定一个具体的、可操作性强的管理制度，保证员工在理解制度的基础上懂得如何去遵守。

(2) 制定严格的标准，并且要有相应的处置方式。严格是要激发员工的积极性，处置主要是保证制度能够真正执行。

(3) 制度制定以后需要不断检查，不断监督。管理者要对制度进行定期考核，从而有助于公司长远发展。

【赢在落实】 任何人都有感情和弱点，公司靠人管理总会存在漏洞。所以，靠制度管理才能规避漏洞，实现永续经营。

2. 人人都管事，事事有人管

海尔电冰箱厂有一个五层楼的材料库，它共有 2945 块玻璃。如果你走到跟前仔细看，一定会惊讶地发现每块玻璃上都贴着一张小条！

原来每个小条上印着两个编码，第一个编码代表负责擦这块玻璃的责任人，第二个编码代表是谁负责检查这块玻璃。

海尔在考核准则上规定：如果玻璃脏了，责任不是负责擦的人，而是负责检查的人！也就是说，如果玻璃脏了，责任锁定在检查的人身上，而不会被推卸到擦玻璃的员工身上。如此形成环环相扣的责任链，做到了“奖有理、罚有据”。

这一制度管理的核心是，公司不再去想个人工作态度如何，而是把责任锁定，即使是简单的擦玻璃工作，也要明确指定两个责任人，确保处处都有明确的责任。

【赢在落实】“人人都管事，事事有人管”，这就是海尔能够成为中国公司榜样的重要原因。老板在管理中可以借鉴“责任到人”的制度管理法，从而提高员工的效率。

3. 管理重在有法可依

管理中的“法”，就是公司在组织管理中所遵循的规矩、制度。对任何一个公司来说，只有规章制度完善，才能使人们有章可循，有法可依；一旦触犯了这些制度，则会遭到相应的制裁。

因此，规章制度制定得好，公司的管理工作就有法可依，便于管理的规范化。这对执行者来说无疑是一个福音，公司员工只要按部就班做好手头工作就可以了。甚至可以说，制定一套好的规章制度，甚至要比添几个主管还顶用得多。

事实上，制度也好，规矩也罢，它们存在的意义，不在于约束，而在于凝聚。将每个成员各自独立的个人倾向规范引导，小流汇之成大川，从而获得超强的战斗力。管人管事之前，先定下规矩，如此便可处乱而不惊，应变自如。

【赢在落实】一套完善的规章制度，是一个老板管理人才的法宝。有了规矩可以遵循，老板才能真正做到奖赏有尺度，做事有分寸，最终实现高效管理。

4. 让制度去说话

在英国剑桥大学，有一位著名的校长治校有方，培养出了无数名满天下的学生。有人问他："为何能把学校经营得这样好?"他回答说："我一般都用一条鞭子来惩治那些不听话不上进的学生，并且奖罚严明。"他还说，如果给他一把手枪，会把学校管理得更好，培养出更多的好学生。

故事深刻寓意是不言自明的，它提醒每一位管理者：只要有了科学的制度并严格执行，才能把公司治理好，增强工作效率。"一条鞭子"就是能够严格执行合理制度的代名词。对任何一个公司来说，都需要这样"一条鞭子"来实现优化管理。

【赢在落实】制度就是规矩，以制度作为规范员工行为的标尺，同时积极调动员工的执行力，就容易促进公司长远发展。

5. 规章制度：高效管理的法宝

把公司运作好，管理者需要建立一套完善的制度。制度设计合理、运作有效，公司内部高效运转，员工士气高昂，事业才能蒸蒸日上。为了提高管理的高效率，在制定合理的规章制度时，有以下两点可作参考：

(1) 规章制度要经过民主程序认定。

顺应民主，才能持久。我国法律规定：公司的规章制度应该通过民主大会的形式，经民意代表同意，并且多数员工通过，才具有效力。

(2) 规章制度应该及时修改、补充。

市场不断变化，形势也在不断地变化。因此，公司的规章制度应该不断地修正。只有不断的推陈出新，制定符合当时形势的法规，才能确保制度和规章的合理性、时效性。

【赢在落实】规章制度的制定，是为老板提高管理效率来服务的。因此，千万不能认为把规章制度制定好以后便万事大吉，应注重制度的执行。

6. 完善的制度成就伟大的公司

制度的作用是，规定公司正常运行基本的活动框架，调节内部集体协作。越来越多的管理者意识到，一个合理、完善、有效的制度，能够让公司走向一个发展的新高峰。

只有健全完善合理的制度，才能使公司实现规范有效的管理；只有不断完善的制度，才能让管理走向规范化，从而让管理者从繁琐的事务中解放出来，为领导和员工提供最大的创造空间。完善公司的管理制度，应该从以下几方面着手：

(1) 管理制度是公司运行的基础。管理制度的意义在于，让大家有章可循，让员工知道哪些该做，哪些不该做。

(2) 制度依据实际而定。制度化管理的基本要求是按制度办事，坚持原则性。

(3) 不断修订现存制度。不断地修订、补充、完善，通过制度不断的建立和健全，公司才能持续适应变化了的客观环境。

【赢在落实】老板须知，公司发展壮大，必须有赖于制度管理，进而保证执行到位。

7. 制度管理让执行更规范

许多公司之所以能成为行业内的佼佼者，与它们严格的制度管理是分不开的。昔日的微软、联想、华为，也都是普通的小公司，而如今它们成为全球知名的跨国公司，靠的就是完备的制度化管理。

公司的发展水平越高，管理制度就要越符合国际惯例。各种各样的职责规范、工作程序、行为准则几乎触及到了公司经营活动的所有层面和各个环节，让公司有了规范化运作的基础。

(1) 在公司实施制度化管理过程中，要严格保证制度能够公正、公平、公开地实施。如此一来，公司的执行力就会更规范，并产生高效率。

(2) 通过各种制度来规范员工的行为，使公司在执行中逐步趋于规范化和标准化，逐步发展壮大。

【赢在落实】 制度化管理是公司的“低文本文化”向“高文本文化”过渡的具体表现。高效执行是公司发展的动力，而制度管理则让执行更规范，这不仅给公司带来了效率，还增加了效益。

8. 规章制度的设计要点

科学、合理的规章制度，是一门科学。它不仅要符合公司运行规律、有利于提升组织效率，还要考虑外部市场环境的变化，并保持稳定性。

具体来说，在设计规章制度时，老板要注意避免以下几点。

(1) 抵触法规。

有的规章制度条文与现行政策、法令和政府的规定相抵触，自行失败。

(2) 舍本逐末。

列举大量无关紧要的条文，喧宾夺主，降低了重要条文的分量，细枝末节的条文过多，不便记忆。

(3) 违背常理。

过于苛严，大家难以做到，惩罚措施过火，员工动辄得咎，导致抗拒心理。

(4) 形同虚设。

订而不用，对违规者不按规定处理，姑息纵容，或在执行中因人而异，亲疏有别，导致制度自行废弛，成为一纸空文。

【赢在落实】规则制订的目的是对一些工作中不明的事项，定出一个明确的标准。通常，制度有一定的时效性，当时间、环境发生了变化，规则本身也必然发生变化。

9. 华为：用制度打造基业

任正非领导的华为公司是本土公司的一个异类。多年来，他们用超级营销理念创造了辉煌的市场业绩，铁骑已跨过亚非欧，把战火烧到了太平洋彼岸的美国。

技术不是华为公司的核心竞争力，营销才是华为公司的核心竞争力。在华为公司，有一支营销铁军，它是靠制度锻造出来的。

(1) 制度化用人。

华为的营销人员，都要经历一段魔鬼培训，然后被直接派往市场一线积累实践经验。

(2) 完善的制度安排。

华为的制度建设经历了一个从无到有，从局部到全局的过程，同时日趋完善的制度为华为打造营销铁军提供了制度保障。

(3) 严格的考核。

完善的制度、严格的考核保证了华为制度化用人战略的实施，为华为打造营销铁军提供了制度保障。

【赢在落实】 对公司的营销团队建设来说，一个有制度的团队，即使遇到一时的困难，也会重新站立起来，继续向市场冲锋。

10. 制度化管理让公司走上正途

谈到公司的制度化管理，杭州方德公司总经理俞晓峰深有感触地说："我们公司目前只有30多人，公司虽小，却职能齐全，公司根据业务需要划分了渠道、客户、零售部门。从公司架构上与厂商看齐，不仅能实现业务的无缝对接，减少沟通成本；同时，借鉴优秀厂商科学的管理模式，也能提高公司内部的管理效率。"

2008年，杭州方德在惠普的建议和支持下，上马了ERP系统。"现在，从一线的销售人员到管理层都能实时跟进、监控订单状态，并对各种状况进行迅速处理。ERP大大提高了物流和财务的准确性，同时为管理决策提供了实时的数据支持，还减少了资源的浪费。"信息化管理手段简化了内部流程和工作误差，让执行更科学，增强了公司的整体实力。

制度很重要，而比制度更重要的是执行力。经营者要明白一点，确保有效的执行力是取胜的关键，哪怕制度上有瑕疵，在运作上也会胜过那些拥有完美的制度而执行力不足的竞争对手。

【赢在落实】 在日常管理实践中，鼓励和倡导公司自上而下对制度和决策认真贯彻实施，定期召开例会探讨、规范制度化管理，是管理者的一门必修课。

11. 公司标准化管理靠制度

知名的快餐公司肯德基，自创建以来始终长盛不衰，其奥秘就在于拥有严格而有效的管理制度。通过制度管理约束每一个员工，建立起严格的执行标准，确保了公司在有序运营的基础上实现了高标准的产品定制和服务提升。

现实的残酷竞争让许多管理者意识到“标准”的重要性，并努力成为行业规则和标准的制定者。正所谓“三流公司卖产品，二流公司卖品牌，一流公司卖标准”，通过制度设计实现标准化运作，是许多公司领导制胜的法宝。

(1) 公司在发展过程中，不但要遵循外在的标准，还要善于制定新的行业标准，提升自己的核心竞争力，创造更大的经济效益。

(2) 在管理层面，标准是提高公司自主创新能力、实现精准执行的重要保障。

【赢在落实】 管理者要重视“标准”，更要关注行业、国家标准乃至国际标准，在公司内实施标准化管理和生产，满足消费者的市场需求。

12. 制度设计要精细

顺美服装有限公司经过两年多的反复讨论，修订出台了《顺美员工行为规范》。这份《规范》包括了顺美员工的行为基本准则，公司概况，员工如何在集体中生活、工作及应有的礼仪等几个方面。

此外，《规范》中还教人以经商之道、办事之道、做人之道和处事之道；既规定了必须做什么，必须怎样去做，又阐述了为什么这样去做，以及做与不做的利弊。

《规范》中的规定非常具体细致，使员工事无巨细，都有章可循。顺美公司在实际的经营过程中，依靠的就是按照规章制度，严格管理，以前复杂的公司管理内容和执行程序，经过《规范》的诠释，让每个员工对公司的理念、自己的职责都了然于胸。显然，在制度设计上，精细化的原则不能丢。

【赢在落实】老板须知，复杂的生产制造公司，尤其需要制度化管理保证执行的有效、简化。这其实符合管理的一个重要原则，那就是把复杂的东西变简单。

13. 安全生产离不开严密的制度管理

作为一家高危险行业公司，杜邦已经有两百多年的发展历史。在长久的经营过程中，它总结了一套安全生产、提升组织运作效率的方法。

在不断的生产实践中，杜邦积累了丰富的安全操作经验。到了 19 世纪初，公司领导逐渐意识到，只有建立严格的岗位责任制度和科学的操作流程，公司才能生存和发展。于是，公司决策者开始致力于安全生产体系的建立，并形成了“一切事故均可避免”的经营理念。

每次在杜邦的记者招待会上，主持人都会经常提醒大家安全通道的入口位置；每当有人参观生产车间，杜邦都会派专人陪同……多年以来，组织成员严格遵守岗位制度，几乎没有发生过越位行为，这让杜邦工业成为安全生产的典范。

【赢在落实】杜邦公司的安全生产理念离不开制度的配合，这提醒管理者：应在加强制度管理的同时保证制度加以执行、推进、持续完善，从而提高执行的效率和水平。

14. 令行禁止，监督好使

有些公司的墙壁上贴满了规章制度，但是有很多都名存实亡。不被执行的制度是毫无作用的，老板应当在颁布完规章制度后，用监督保证制度的实施。

(1) 要有选择地进行检查。如果每天的工作繁多，那么你就要有选择地进行检查。

(2) 要越过级别去检查。不要问员工的管理人员他们工作得怎么样，要对他管辖下的员工提一些问题。

(3) 要多提问。为了解工作中的实际情况，老板要多询问基层员工，掌握真实的信息，这样才能决策正确。

(4) 重新检查你发现的错误。对所发现的错误进行一次检查，可以制定相应的措施来避免。

【赢在落实】 没有规矩，不成方圆，规矩坏了，也会乱了分寸。一个有经验的老板，应善于用规则管理你的下属。

15. 不执行，制度就是一纸空文

任何一项工作、任务的完成，都是抓执行的结果。如果没有执行，再完善的制度也是一纸空文，再正确的政策也不会发挥其应有的作用，再理想的目标也不会实现。当然，执行不只是表现在口头的承诺上，而是应该落实到具体的行动中。

(1) 老板在日常工作中要把执行当作长期的工作来抓，保证行动能够落实到位。

(2) 在执行中应总结和汇总好工作技巧和方法，以提高工作效率，从而有利于执行力的提升。

(3) 执行中，关键在“执行”，贵在“马上”。员工应该抓住时机，保质保量完成任务。

【赢在落实】 制度确定之后关键在于抓落实。执行到位，公司就有后劲，就会迎来飞速发展的机会。可以说，执行与公司发展的兴衰有着密切的关系。

16. 没有执行力就没有竞争力

很多老板都有这样的感受：公司的制度，只有不折不扣地被执行，才能保证公司的正常运行。再好的制度如果没有人去执行，或者执行不到位，就会失去应有的效力。在日趋激烈的市场竞争中，员工的执行力成为了加快工作效率、提高公司竞争实力的重要保障。

(1) 凡事都要立即行动。

执行能力是公司的生存能力。一旦计划、制度已经出台，就要百分之百地执行到底，在追求速度的同时还要保证质量。

(2) 用坚决跟毅力来执行。

执行力的重点在于执行，也就是行动起来，要有决然的毅力去付诸于行动。须知，执行力是公司竞争力的体现，是公司生存和发展的需要。

【赢在落实】执行力是一种专门的、独特的技能，在纷繁复杂的商业竞争中，有执行力的公司才有活下来的可能。

17. 有了好制度还要执行到位

万科董事长王石说："公司最缺的不是制度，而是制度的落实。"海尔集团董事局主席张瑞敏也说："制定一项好的制度不易，能够坚决落实则更重要。管理不到位，很重要的一点，就是看规章制度是否真正执行到底。"

东北有一家大型公司，因为经营不善导致破产，后来被日本一家财团收购。厂里的人都在翘首盼望日本人能带来先进的管理方法。但出乎意料的是，日本财团只派了几个人过来，除了财务、管理、技术等要害部门的高级管理人员换成日本人外，其他的根本没动。制度没变，人员没变，机器设备没变。日方只有一个要求：把先前制定的制度坚定不移地落实下去。结果不到一年时间，这家公司就扭亏为盈了。

【赢在落实】日本人的绝招是什么？落实，把制度全部落实到位。有了好制度，还必须执行到位，才会实现公司的良好治理，实现赢的目标。

18. 制度不完善，麻烦就不断

某品牌搞促销活动，客户买冰箱，获赠一电火锅。客户向员工要一个包装袋装赠品，员工却说："赠品不给袋。"最后，对方只好到总服务台买了一个纸袋。

公司制度中对赠品的管理没有明确规定，个别员工会因此与客户发生争执，比如赠品的质量保证、包装等问题。很多员工甚至有些老板都认为，赠品是白给的，不计入销售，但包装袋的消耗却要列入成本，所以对客户的要求一般都采取拒绝的态度。

这个问题的出现是由制度缺陷造成的。由于对包装袋问题没有明确规定，员工在执行时尺度不一，这样容易导致客户的不满。因此，只有制度完备，员工才有章可循，避免各项工作不到位。

【赢在落实】制度之所以产生，是为了适应社会化大生产的要求。随着社会的变化，制度会不再那么合乎时宜。为了跟得上时代需求，规章制度也要不断完善发展。

19. 让每个人的工作都符合标准

各行各业都有自己的规矩。管理工作也一样，一个公司要有自己的运行标准，才能高效运作、有序发展。让每个员工的工作都符合标准，应该注意以下几点：

(1) 老板管理好部下，必须按照既有的规矩办事，也就是说要用制度说话。一旦老板破坏了规矩，不但其权威受损，也会丧失取舍的标准，在管人用人上乱了手脚。

(2) 任何组织都要有标准和制度，并且所有人都必须严格遵守、执行。尤其是最高领导人，更要注意维护制度的权威。

(3) 在任何社会条件下，标准和制度都应当具有稳定性。如果制度时常变更，大家就会无所适从，组织的稳定也就无从谈起了。因此，管理的标准不可随意更改。

【赢在落实】 建立标准是做好领导的关键，让每个人都感觉到法制的气氛，才能激发大家的积极性和主动性，为公司发展创造更高的效益。

20. 执行力不佳，谁的错

有些公司，虽然制定了相对完善的规章制度，但是员工在对制度的执行上表现出来的却是拖延和散漫。公司要提高运营效率，就必须找出原因，加以改进。

(1) 制度本身不合理。如制度缺乏针对性和可行性，使公司制度流于形式，这无异于给后期的管理工作埋下了定时炸弹。

(2) 老板没有常抓不懈。如对政策执行方面虎头蛇尾；工作检验方面前紧后松，工作态度方面是宽以待己、严于律人。

(3) 执行过程过于繁琐或囿于条款。缩短非必要的审批环节，进行科学的流程管理是制度得以有效贯彻执行的必要措施。

(4) 监督不到位。只有不断地监督和跟进，才能暴露出规划和行动间的差距和问题，以便老板采取行动协调和纠正工作进展，更好完成目标。

【赢在落实】 执行力是公司成败的关键，老板需要清醒地面对问题的根源，首先从制度设计入手解决公司存在的弊病。

21. 学会为执行保驾护航

有一个汽车配件公司，生产部门的比尔和乔治各带领一个团队。一天，领导问："比尔，为什么记录显示，你们的退货率比乔治高出20%？你们的工作一样，员工人数也相同，去跟乔治谈谈，看看哪里出了毛病。"

比尔跟乔治仔细检查了所有的步骤，最后发现团队成员下午的效率很低。这种现象出现的原因是，办公室的空调出现了问题，每天下午大约两点半时，空气变得非常不好，让很多员工感到头疼。

于是公司马上安装了一部简单、便宜的通风设备，办公室空气恢复正常，员工的效率也随之提高了。工作结果的差别就在于，一方讲究策略，另一方不懂得聪明的执行任务。

【赢在落实】要完美的执行任务，需要付出汗水，更需要智慧。坚持手脑并用，学会为执行保驾护航，是取得成功的秘诀。

【制度样板】

员工打卡制度

第一条 员工上下班打卡，悉依照本规定执行，任何人必须严格遵守具体规范。

第二条 内勤员工上午上下班、下午上下班应打卡；住在市区内的业务人员，上午及下午到公司打进卡，外出工作时打退卡。

第三条 员工下午加班人员，普通下班时间不必打卡，等加班完毕才予打卡。

第四条 员工因事早退或出差需要离开公司，且当天不再返回公司者，应打退卡后才能离开公司。

第五条 上班中因事外出的人员，其出入均不必打卡，但须向主管领导或指定人员提交外出申请单，经核准后转交前台文员，前台文员将其出入时间，填妥于下班之前交人事部备查。

第六条 员工上下班，必须亲自打卡，若替人打卡，打卡者及被打卡者，均给予各记大过一次处分。

第七条 本公司上下班时间，公司由前台文员 (或由人事部派人) 看守打卡情况及调整打卡钟，工厂由门卫负责。

第八条 上下班忘记打卡者，持记录卡请直属主管领导证明上下班时间，并签名后，卡片放回原处。

第二辑

千万别拿制度当花瓶，有了制度不执行，比没有制度更糟糕

管理要令行禁止，公司才有生存和发展的希望。各项制度一旦建立起来，就要真正拿它当回事，做到认真执行，使之落实到位，从而发挥制度应有的效力。把制度当花瓶，或者束之高阁，看似是在哄弄员工，到头来只能毁了公司。

1. 不要把制度当“花瓶”

许多公司都制定了成套的管理制度、规章标准，大到厂规厂纪，小到领物规定、作息规定，不可谓不完善。然而，这些规章制度只是挂在墙上的条文，很难落实到工作中，更不要说提升效率了。

如果是这样，即便规章制度制定得再多、再完善，也只是形同虚设，对公司的发展会产生负面作用。对管理者来说，一定要保证制度的执行能力，发挥其实际的效力。

(1) 作为老板，要具备严格的管理意识；作为员工，要具备接受严格管理、认真遵守制度的意识。

(2) 把制度当“花瓶”，不但会让管理者的威信丧失，还会让团队养成散漫的作风，失去应有的战斗力。

【赢在落实】 在管理公司时，切忌把制度当“花瓶”，制度的存在是为了更好的发展，只有付诸执行才能发挥其效力。

2. 执行制度必须公事公办

身为公司的管理者，要想建立正常的工作秩序，就必须坚持公事公办的原则。制度面前人人平等，就是要保证公司在制度执行上的公正性与严格性。在制度的制定过程中，要充分考虑到员工的心理承受力，使制度本身保持适度的弹性。

⑴ 制度在制定时，公正性比合理性更重要，只有对员工一视同仁，才能团结下属，提高公司的运营效率。

⑵ 老板须牢记，不能因为交情而破坏制度的威严性，当硬则硬，千万不能心慈手软。

⑶ 建立制度之间的约束力，让制度更好地协调、匹配，从而确保管理流程的优化，以创造最大的价值。

【赢在落实】 在制定和执行制度的时候，要始终坚持制度面前人人平等的原则，特别是在执行制度时要一视同仁，谁都必须遵守，尤其是管理者必须以身作则。

3. 有法不用，贻害无穷

一位作家说过：“一个人的个性都有它自己的一套，理智也会被它牵着鼻子走。”对于管理者来说，严明的规章纪律不仅是维护公司整体利益的需要，在保护员工的根本利益方面也有着积极的意义。

有的员工没能按时完成工作，或者违反了某项具体的规定，但他并没有受到相应的处罚，或是处罚根本无关痛痒。

从表面上看，管理者非常具有亲和力，而事实上，对问题的纵容会使员工产生一种“其实也没有什么大不了”的错觉，久而久之，遗患无穷。如果他从开始就受到规章制度和严明纪律的约束，及时纠正错误的认识，对其自身和公司都是有益的。

【赢在落实】将制度真正地贯彻和执行下去，对公司及其员工都是有利的。管理者必须从每一项管理细节中深刻认识到其中隐藏的现实问题，做到有法必依。

4. 好制度会使坏人变好

18世纪末期，英国政府实行移民政策，为长远发展考虑，把罪犯发配到澳洲以此来开发自己的殖民地。后来政府发现，犯人在船上的死亡率很高，能安全到达澳洲的犯人很少。

原来，船上设备简陋，犯人的生存条件十分恶劣，船主丝毫不顾犯人的死活，有的船主为了降低费用，甚至故意断水断食。

英国政府为此想了很多办法，依然没能让情况好转。终于，一位议员发现，原来是私人船主钻了制度的空子，制度的缺陷在于政府给予船主报酬是按上船人数来计算的。

因此，政府开始改变做法：不论在英国上船装多少人，只以到澳洲上岸的实际人数为准计算报酬。自从实行上岸计数的办法以后，船上的死亡率降到了1%以下。有些运载几百人的船只，经过几个月的航行竟然没有一个人死亡。

【赢在落实】制度的改变可以让难题迎刃而解，好的制度，坏人也会变好，而不好的制度，好人也会变坏。

5. 制度面前要抛弃私人感情

历史上广为流传的“孙武吴宫教战”，“孔明挥泪斩马谡”都是抛开私人感情，赏罚分明的好例子。

老板在管理下属的时候，一定要做到赏罚分明，不要掺杂任何私人感情。赏罚分明，在管理过程中不夹带任何私人感情，也是树立领导权威的一种好方法。

一个成功的老板，在处理公事时绝不能夹带私人感情，尤其是在决定员工去留的问题上，更要一碗水端平。即使你与这位员工的私人感情再好，也不能因此网开一面。但是这也不是意味着要冷漠无情，可以换种方式，私下里采用其他方法帮助员工。

【赢在落实】 老板要树立起自身的威信，使员工信服自己，就必须在制度面前抛弃私人感情，对待员工一视同仁，做到公平公正。

6. 新官上任先要“照老规矩办”

孟光是某跨国公司员工，被派到上海任分公司经理。刚刚走马上任，就有几个员工迟到，按照规定是要罚款。孟光觉得有些为难：自己刚任职，如果不加考虑按规章罚款，很可能会引起员工的反感。

他和几个迟到的员工谈话中得知，迟到的原因是周末冬泳太劳累了，误了上班时间。为了协调和员工的关系，孟光决定春节前举行游泳比赛，如果他们能够取得好成绩，就将罚款作为奖励返还他们，另外还有奖金。果然，游泳比赛他们都取得了很好的成绩，最后是一个皆大欢喜的结果。

【赢在落实】 要使公司获得长远发展，无论任何时候都得按制度办事，任何人不得随意更改。不同的是，你可以找到最佳的策略，让各方都满意。

7. 批评是推动执行的必要手段

松下幸之助认为，员工身上最宝贵的莫过于他们的责任心和羞耻心。为了推动各种制度和计划的落实，挖掘员工的潜力，管理者可以适当地运用批评的手段。

对员工进行批评，是对员工错误言行的否定反馈，它有助于推动制度的落实，发挥应有的鞭策效果。老板在管理员工加强制度落实能力时，有很多方面有赖于批评的手段。

(1) 员工在知识能力和处境等方面存在差异，管理者为了保证各项工作正常运行，纠正员工认识局限性所造成的错误需要依赖批评。

(2) 在思想觉悟上员工很难统一，对于制度的落实有阻碍作用，在纠正员工思想意识上存在的问题离不开批评。

(3) 挖掘员工的潜力，提升员工的落实力离不开批评。这时候，批评会成为一种激发员工潜能的手段。

【赢在落实】 批评的本质不在于指责员工，它是注重落实的管理手段。对于制度的落实而言，批评是必要的，适当的运用批评手段还可以帮助员工成长进步。

8. 掌握批评下属的原则和方法

为了使制度得到落实，实现工作目标，老板要合理运用批评手段，让对方认同你的观点，并在工作中加以改进。在批评下属时，需把握以下原则：

(1) 批评要正确、有理。在批评前，要先把事情问清楚，确定是否真正属于应该批评的，确定无误后再进行批评。

(2) 冷静而文雅地进行。在下属的失误让自己无法自控时，可将问题放置一段时间，等恢复到冷静的状态，再进行处理。

(3) 批评要适度。批评的目的是教育，为了有效地用人，应该使员工自觉地谋求进步，自觉地配合自我启发。为此，不要说过分刺激下属的话。

【赢在落实】 制度落实过程中，批评在所难免，但批评一定要讲究方法，避免下属产生逆反心理。

9. 到哪里就守哪里的规矩

曾国藩很看重军中铁一般的纪律。初带兵时，李鸿章前来投奔，做幕僚。由于是进士身份，李鸿章认为自己不用参加早练，每天日上三竿才起床。

刚开始三天，曾国藩碍于情面没作声，第四天天还未亮，他就派人告诉李鸿章：每日晨练是统一军令，任何人不得违抗。这让李鸿章大为紧张。

早饭过后，曾国藩面对所有人说："既到我这里来，就要遵守我的规矩。此处所崇尚的，是统一的军令，任何人也不得例外。"

从那天起，李鸿章果然十分遵守军令，虚心学习一切，改掉了骄横清高的文人习气。而良好的纪律和风气也使得湘军成为能征善战的劲旅。

【赢在落实】不同公司会制定最益于自身发展的制度，这成为一个组织不可变更的规矩。任何人加入到团队中来，都应该"入乡随俗"，自觉遵守这里的规章制度，切忌随心所欲行事。

10. 贯彻制度须从小事抓起

在许多大公司的工作场所里，经常看到这样的景象：椅子或桌子上，文件放得乱七八糟，有些文件上面还带着模糊的脚印；桌子、椅子、电脑上，净是灰尘；椅套很久没洗了，不过比工作服还干净一点；下班后电灯一直开着，没有人动手关掉；尚可利用的铅笔，过早地扔进了废纸篓里。

看上去很小的事情，事实上意味着公司的制度落实不到位，管理者应注意从小事开始抓制度落实。

(1) 从员工的生活抓起，让员工从小事养成自觉遵守规章制度的习惯。

(2) 从小事上着手规范管理，就是要培养员工服从管理的意识，养成遵守规章制度的习惯。

【赢在落实】 从小事重视员工良好工作习惯的培养，是贯彻规章制度的有效措施，更是管理好员工的关键。

11. 严明纪律要用“热炉法则”

纪律是公司制度得以执行的基础，是公司发展成功的保障。对公司和员工而言，遵守纪律、服从精神非常重要。职场纪律的遵守，不是强制性的，它需要员工自我管理和约束。

老板制定纪律的目的，在于鼓励员工高效完成工作任务。为了建立良好的纪律准则，可以参照“热炉法则”。

(1) 预先警告原则。清楚违反纪律的后果，员工就会有所顾忌，从而认真遵守。

(2) 公正原则。热炉烫手不会因人而异，纪律也是如此。

(3) 一致性原则。热炉每次触摸都定会烫手，纪律严明，不会因触犯次数多而减轻处罚。

(4) 即时原则。工作纪律具有即时性，一旦被查出触犯纪律，就会立即受到处罚。

【赢在落实】合格的员工，能够自觉遵守公司的纪律。严明的工作纪律，可以提高公司的标准化管理水平，营造良好的工作氛围。

12. 制度松弛，贻害无穷

南宋著名的岳家军，之所以能够成为抗金主力，与其执行严明的军纪分不开，以致在金军流传着“撼山易，撼岳家军难”的说法。

对任何组织来说，纪律或制度一旦松弛，管理就失去了效力。军心一旦涣散，成为乌合之众，稍有挫折就会作鸟兽散。管理者对员工的长时间纵容，造成其心底懈怠，责任心降低，必定遗患无穷。

只有令行禁止，制度严密，队伍才有战斗力。老板要树立权威，规章发挥效力，公司长远发展，都要有赖于严明的规章制度。让员工从一开始就受到规章制度的约束，及时纠正错误，工作效率才能提高。

【赢在落实】“管理是严肃的爱”，有规矩，有严明的制度，不仅是维护公司整体利益的需要，而且能维护每个员工的根本利益。

13. 惩罚失误能提振士气

据调查，美国的国家机关中，25%的员工认为，同事的工作表现没有达到制度规定的要求；在私营公司中，表现达不到规定要求的员工有 11%~16%，这一问题绝对不容忽视。

研究还发现，表现不佳的员工没有做好分内工作，会降低团队的生产力与士气，增加离职率，大大影响合格员工的工作情绪。

如果表现差的员工受到应有的惩罚，就会让合格员工心里平衡，同时能提高员工的士气。因此，老板应重视处罚达不到要求的员工，不能客观迁就和容忍。

【赢在落实】 处罚的方法很简单，公司制定严格的规章制度，老板按制度办事，奖惩分明，以理服人，便能团结下属，提高公司的效益。

【制度样板】

产品质量管理标准表

______年______月______日

产品名称				规格			编号	
类别	检验项目	抽验方法	检验方法	管理标准				
				日期	标准	日期	标准	备注
成品								
生产过程								
专用材料								

审核：　　　　　　　　　　　　　　　　制表：

第三辑

执行要到位，责任先到位，确保每项工作执行到人

责任缺失，是制度无法执行与落实到位的重要原因。显然，确保责任追究落实到人，才能让每一项制度的执行有保障，从而提升管理的效力，增加制度的含金量。

1. 责任一缺位，执行必缺位

很多管理者都认为：执行要到位，首先责任要到位。责任不到位，执行必定缺位。只有责任落实到了每一个细节当中，才会打造出一流的执行者。

责任不到位的执行，就像一盘散沙，散掉的不仅是执行的效果，而且还会散掉人心，造就一支松松垮垮的团队。而让责任到位也需要把握好方法。

(1) 明白“所有人都有责任，实际上就是所有人都没有责任”。出了问题不能互相推诿，要将责任真正落实到人。

(2) 明确“这就是你的责任”。明确告诉员工执行的范围和标准，谁负责的环节出了问题，谁就该负责任。

(3) 出了差错，一定要有相应的惩罚措施。有了具体的责任人，只要出了问题，就能找到负责人，进行相应的处罚。这样才能保证责任的落实到位。

【赢在落实】责任心会让员工树立起敬业意识，从而高效完成工作任务。管理者要以责任之心提高执行力，必须做到真抓实干，管理到位。

2. 把责任执行到每个人的头上

微软公司之所以能称霸全球，始终处于领先地位，正是因为每一位员工懂得，为公司的发展主动执行是自己应有的责任。

在管理者越忙的公司，员工越无所事事。影响公司发展进度的，就是责任执行力没有落实到位。因此，老板在管理过程中，要坚持责任到个人。

(1) 明确每一个岗位的责任。公司在进行岗位设置时，要明确岗位责任，员工做到各司其职，提高效率。

(2) 建立责任流程，全面提升公司的竞争力。建立科学合理的现代管理制度；严格规范流程，加强监督管理制度；提高员工的职业修养，强化管理者的示范作用。

【赢在落实】 管理者协调好员工内部的分工合作，将责任落实到每个人，最大限度地优化整体效率，增强员工的责任心，从而全面提升公司的竞争力。

3. 责任心是最好的把关人

雷英夫是周总理的军事秘书，曾经担任总参作战部长。有一次，周总理带领一个代表团出访，将与出访国签订一个重要协定。

经过一系列的工作，协议写好了，于是双方决定第二天上午举行签订仪式。雷英夫却找到周总理，探讨协定文本中存在的问题。

原来，雷英夫发现，在协定文本上少了一行文字。周总理问雷英夫，你不懂得法文啊，怎么知道有问题呢？雷英夫说，我虽然不懂，但我看出法文本的协定比中文本的少了一行字，这不是小事。周总理十分重视，马上布置对文本进行了重新校对，直到万无一失，才与别人签订协议。

事后，周总理对雷英夫大加表扬，称赞他是一个高度负责任的人。

【赢在落实】责任要彻底到位，还需要一流的把关作为保证。对交到自己手上的工作，要检查再检查，细致再细致，考虑再考虑，以确保执行的万无一失。

4. 把担责的理念刻在心里

吉列公司董事长吉姆·基尔特斯，是一个非常重视责任理念的管理者。他很善于拯救濒危的企业。2001年2月，他接手吉列时，这个曾经辉煌一时的企业，已经是一个烂摊子。五年来，销售收入和盈利均没有增长，三分之二的产品市场份额下降，并且它的股票如今也已无人问津。

基尔特斯在调查过程中发现，每个人都知道公司存在问题，但是没有人认为是自己的问题，因此，他决定，处理目前问题的第一步是：让公司问题成为员工个人的问题。杜绝逃避责任的现象。

接下来，他在吉列内部实行了一系列措施：实行绩效考核，改变管理方式，改变销售方式，完善奖惩制度，责任到人，调动员工积极性。通过这一系列的改革，吉列公司走出了困境，步入了迅速发展的快车道。

【赢在落实】工作就意味着责任。责任感是管理者获得事业成功的必要条件，将公司问题视为个人问题，才能全身心地投入到对问题的解决当中。

5. 始终把责任放在第一位

1976年7月28日，唐山发生特大地震。在这场灾难中，给党中央报信的人，是一个煤矿的普通干部李玉林。

当天凌晨三点多，正在熟睡中的李玉林被地震震醒。他跑出去一看，立即被眼前可怕的景象惊呆了，他第一个念头就是赶紧去矿上看看工人的情况。

在去煤矿的途中，他经过自己父母的家，但是为了争取时间，他没有进去。他转身又朝市委大楼跑去，到了那里，他才发现市委大楼也已经被夷为平地。

军人出身的李玉林突然意识到：必须尽快向党中央汇报灾情，只有部队才能应付眼前的局面，而只有党中央能调动部队。经过千辛万苦，李玉林终于到了中南海，为地震的救援工作赢得了宝贵时间。

【赢在落实】任何执行要到位，最重要的是责任要到位。执行者的责任感到位，是执行到位的最重要保证。只有把责任感放在第一位，才能责无旁贷地承担起任务，才能想尽千方百计、穷尽一切可能，保证执行完成、到位。

6. 责任到位，执行才能到位

一个家电制造公司，车间里一台机器出了故障，经技术人员检查，发现是配套的螺丝掉了，但却怎么也找不到，只好重新买。

一连好几天，采购员跑了很多家五金店，都买不到原来配套的螺丝。公司也因为机器不能运转而停产。公司管理者只好介入此事，让技术科询问机器生产商，才得知原来公司所在的城市，有厂商的分公司，不到半个小时，配套的螺丝就被送过来了。

原本半个小时的事情，却用了好几天，公司损失极大。从该公司的经历上可以看出，责任不落实，一个小小的责任就可能酿成大祸，使企业蒙受巨大的损失。

【赢在落实】最宝贵的精神是落实的精神，最关键的落实是责任的落实。落实任务，先要落实责任。只有靠落实责任，公司才能更加欣欣向荣。

7. 负责的人更能把制度执行到位

一个成功的管理者，能信守自己的责任，并将责任落实到自己的工作中。人本身就是一个责任的集合体，身上肩负着对工作、家庭、亲人、朋友的责任，一个人价值的展现就在于能信守自己的责任，完成自己的责任，只有这样，才能使自己的人生更有价值。

很多单位、团体都讲“提高执行力”。事实上，执行力不好的原因是多方面的，而最大的原因则是缺少责任心。无论是个人，还是管理者，在困难和挫折面前，都应该挺起胸膛，信守自己的责任，凭借责任感闯过难关，最终会取得更加卓越的成就，表现出更加完美的人格。

用责任心来提高执行力，需要有不断进取的精神，不能懈怠。同时也要求员工在工作中积累经验。管理者提高对执行的监督效力，理论经验要变成实实在在的行动，才谈得上加强公司执行力。

【赢在落实】提高执行力，实现对制度不折不扣的落实，不在于管理经验的新老，而是要依靠每个人的责任心。

8. 注重专业培训与辅导

对管理者来说，管理手段只是一种方法。让员工培养责任心态，必须激发他的工作热情，员工才会自动自发地工作。因此，要通过培训与辅导，给员工以自信自尊，进而让员工具备责任意识。

(1) 通过培训认识岗位职责。

员工进入新的公司，或者刚参加工作，需要认识岗位，明确自己的职责。为此，管理者要给予培训或辅导，让大家认识岗位职责的具体内容包括什么。

(2) 对员工提出期望。

要把对员工的期望明确告诉他，给员工一个工作的目标，进而引导他投入自己的时间和精力，尽职尽责地做事。

(3) 管理者要尊重员工。

获得尊重是每个人工作下去的基本动力。想要让员工真正负起责任，管理者应给与他们充分的信任。

【赢在落实】 员工成长需要培训和辅导，这是一种投入，能够帮助员工培养积极的心态。因此，管理者要抓好入职培训，让新员工充满自信地去工作。

9. 岗位职责激发员工守则意识

培养员工的责任感，必须借助岗位职责去引导、约束。让员工认清自己的岗位特点，以及相应的职责范围，是让员工积极主动担当职责的关键。所谓“岗位职责”，是指根据一个岗位的要求去完成工作内容，以及承担相应的责任范围。

帮助员工明确自己的岗位职责可以带来多方面的意义：

(1) 有效地防止因职务重叠而发生的工作扯皮现象，真正让每个岗位都有人负责。

(2) 提高内部竞争活力，激发员工的团队精神，更好地发现和使用人才。

(3) 提高工作效率和工作质量，在业绩基础上产生自我心理认同。

(4) 规范操作流程，把员工的工作流程化、标准化，避免员工给自己找借口。

【赢在落实】 对员工来说，明确了应该干什么、应该怎么干、应该干到什么标准，就有可能主动去做好一些与岗位职责有关的事情，员工就有了明确的目标和义务。对公司来说，也就有了绩效考核的依据。

10. 建立员工团队归属感

让员工负起责任来，最核心的是让员工融入到公司团队里，把员工变成自己人。一个不被认可的员工，其心态必然是浮躁的，工作起来就不可能扎实。

因此，管理者要让员工真正融入团队，做到以公司为家，以负责的心态做事。

(1) 组织团队活动联络感情。

团队的感情需要维护。为此，公司或团队要适当组织一些团队活动。员工心理上对团队认同了，在工作中才会互相支持，对工作负责。

(2) 在工作中建立协作关系。

要让员工在工作中跟不同岗位、不同部门的同事产生协作关系，这样大家就紧密地融为一体了，进而就有了责任感。

(3) 珍视团队荣誉。

工作中的许多难题，离不开团队协作。管理者要借助这一点来凝聚人心，帮助大家建立归属感，为团队荣誉负责。

【赢在落实】 一个团队需要全体成员的积极性和自身潜力的发挥，同时从员工的心理诉求来看，任何人都渴望被重用、实现自己的发展目标和个人理想。所以管理者要善于让员工参与到工作中来，这既是公司发展的需要，也可以增加团队的向心力。

11. 帮员工确定职业发展目标

对员工来说，时刻明确自己的职责和使命是非常重要的。因此，要帮助员工建立责任感，首先给员工确定一个发展的目标。

给员工设定目标必须一步一步来，员工的整个职业发展规划要与公司的发展战略协调一致。

(1) 目标的设立必须结合实际，这样员工才能找到方向，脚踏实地的努力工作。

(2) 设定发展目标的时候，不要过于灿烂，不要过于吸引人，要具备可实施性，给员工带去激励。

(3) 目标战略制定好，需要公司各级管理层落实到位，积极为实现各阶段目标而奋斗。

【赢在落实】 对基层员工来说，实现每一个具体的目标，在细节上做到最好，就是尽职尽责的表现。构筑公司安全发展的防火墙，必须从员工工作细节入手。

12. 给予员工职业支持

作为管理者，帮助员工设定了职业发展目标，还应确保他们能扎实地做好每一步。为此，需要给员工提供必要的职业支持。

公司的运转离不开流程管理，为员工提供职业支持也必须契合业务流程系统。概括起来，要把握好三点：

(1) 业务流程必须执行到人。

梳理整个业务流程系统，将规范的事情制度化，将流程化的每一个节点要执行到具体的部门和岗位。

(2) 将所有流程表格化。

为了更好地掌控局面，需要将所有流程明确、细化，并且确保这些关系简单化，一般用表格记录的形式来实现。

(3) 实现业务流程信息化。

公司管理要借助信息化工具提升效率和效益。业务流程在网上运作后，能够加快公司数据的流转和数据的准确计算。

【赢在落实】公司帮助员工，为员工提供职业支持，不但能让员工及早进入角色，干出业绩，还能让员工感受到来自公司的关怀，有利于员工产生认同感，进而主动承担相应的职责。

13. 让每个环节都有人负责

一位管理专家曾指出：一个环节出错和所有环节出错没有区别，因为生产出来的都是不合格的产品。任何一个环节薄弱都有可能导致公司失败。因此，公司核心竞争力的大小，往往会取决于公司要素中最薄弱的环节。

对于任何一个公司来说，只有让每个环节都有人负责，才能保证每个环节都不会出错，从而确保产品的质量。

(1) 公司只有建立责任流程，提升竞争力，才能有一席之地。

(2) 公司在运转中，对每一个岗位、每一个工作环节最好做到“分段管理”，以岗定人，切莫以人定岗，每一个环节的工作人员都要胜任岗位工作，从而担负起自己承担的责任。

【赢在落实】保证每个环节的工作都到位，就可以把工作完成得更好，从而为公司的发展做出积极的贡献，也为公司在日益激烈的市场竞争中取胜奠定良好的基础。

14. 避免多头指挥的现象

对于公司来说，指令必须具有唯一性，这样才能令行禁止，提升执行的效率和效益。一个下级只能有一个上级才是合理的管理，违背这一基本原则，必然制造矛盾和混乱。

多头指挥让下属无可适从，只能降低执行力，影响员工士气，久而久之，公司的财力、物力都会导致严重内耗，因此，可以采取“直线职能制组织结构”的管理组织形式。

(1) 以直线为基础，在各级行政负责人之下设置相应的职能部门，分别从事专业管理，作为该级领导的参谋，实行主管统一指挥与职能部门参谋、指导相结合的组织结构形式。

(2) 职能部门拟订的计划、方案以及有关指令，由直线主管批准下达；职能部门只起业务指导作用，无权直接下达命令，各级行政领导实行逐级负责，实行高度集权。

【赢在落实】 避免粗放的管理模式，实行统一的指挥机制。完善制度以加强执行力的落实，帮助公司进行长远的发展。

15. 在公司推行问责制

问责制是和权力密不可分的，它的逻辑基础是有权力就必然要负责任，只要在权力范围内出现某种事故，必须有人为此承担责任。问责的基本方式有两种：

(1) 自我问责。

自我问责，就是主动承担责任，包括自觉检讨、道歉、请求辞职等。这可以提升员工的自我管理能力，远比来自外界的管理压力更能提升工作业绩。

(2) 组织问责。

组织问责应根据所发生的问题或事件的情节轻重，规定具体的问责档次，如责令作出书面检查；责令公开道歉；通报批评；调离工作岗位；停职；责令辞职、免职或罢免职务等。

【赢在落实】 问责制的意义在于“防患于未然”与“惩前毖后”。惩罚只是手段，预防才是目的。

16. 责任心，上进心，企图心

爱默生说：“责任具有至高无上的价值，它是一种伟大的品格，在所有价值中它处于最高的位置。”在一个公司里，没有责任，就没有速度，就没有效益，就没有全面、统筹、健康的发展。

打造一支有战斗力的团队，离不开上进、负责的人心。有了责任心，一个人才能有上进心和企图心，才能使个人能力得以充分的发挥和展示，最终推动公司进步。

一个公司的成功，首先来自员工的成功，只有大家有追求卓越的精神，不断超越自我的努力，才有公司的发展壮大。

每一个优秀公司都非常强调责任的力量。责任胜于能力，没有做不好的工作，只有不负责任的人。责任承载着能力，责任让公司更有凝聚力、战斗力和竞争力。

【赢在落实】老板不但要善于聘用有责任心、上进心、企图心的员工，还要善于在日常工作中激发他们在这些方面的追求。

17. 把“岗位职责”研究透

实行岗位责任制，有助于公司岗位职责的科学化、制度化。每位员工都承担着属于自己的责任，管理者应采取措施，帮助其更好地提升责任的执行力。

(1) 要让员工自己真正明白岗位的工作性质。

要让员工必须在本职岗位的工作中主动发挥自我解决、自我判断、独立解决问题的能力，以求工作成果的绩效实现最大化。

(2) 丰富的岗位职责的内容。

公司在制定岗位职责时，要考虑尽可能一个岗位包含多项工作内容，以防止埋没员工的个人才能。

(3) 实现岗位转换。

通过工作岗位转换，丰富员工整体的知识领域和操作技能，同时也营造和谐融洽的文化氛围。

【赢在落实】管理者不仅要制定员工岗位责任制，更应保证制度的落实到位，只有这样才能够确保责任的严格执行。

18. 责任执行必须一目了然

美国宝洁公司创建于1837年，迄今为止已经有170多年的历史。如今，它是世界知名的洗涤剂、化妆品公司。并且它在全球的年销售额为300亿美元。

宝洁公司在全球70多个国家设有工厂及分公司，它的产品畅销140多个国家和地区。宝洁公司之所以如此出色，法宝之一就是它的备忘录制度。这一制度保证了公司的效率和高效的责任执行能力，不断推动公司向前发展。

⑴ 相关信息（发自谁，发给谁，转交给谁，日期等）。

⑵ 标题。

⑶ 一句话总结备忘录的主要内容。

⑷ 三四行总结备忘录的主要内容。

⑸ 相关背景资料介绍（两三行）。

⑹ 备忘录内容（建议、意见、工作总结、信息共享等）。

⑺ 主要缘由、总结、工作计划等。

⑻ 下一步任务。

⑼ 签名。

【赢在落实】一个公司责任执行必须一目了然，同时也要明确责任体系，从而提升公司的执行力。

19. 安全责任观必不可少

管理者要在公司内树立安全就是一种责任的观念。通过明确每位员工应承担的安全责任，进而规范他们的安全行为。因此，每一个管理者需要毫不犹豫地执行以下理念。

⑴ 安全是人命观天的大事，安全重于一切，安全高于一切。

⑵ 预防为主，综合治理。

⑶ 安全只有起点，没有终点。

⑷ 安全工作想不到就是失职，做不到就是犯罪。

⑸ 大处着眼、小处着手、源头达标、防微杜渐。

⑹ 倡导安全就是最大节约，事故就是最大浪费。

⑺ 质量就是工资，质量就是效益，质量就是安全。

⑻ 干一辈子工作，就要抓一辈子安全生产和质量标准化。

【赢在落实】 安全是一种责任，一种应尽的义务。因为有安全，我才会有一个完整的自己，有一个幸福的家；因为有安全，我们才会有一个高凝聚力的团队，有一个良好发展的公司。

20. 没人检查也要遵守规章制度

公司不能没有制度，制度是有序经营的前提，是公司正常运作最基本的保证。公司制定各项制度是为了更好地管理、有效地运营。

每个公司都有自己的规章制度，有自己的员工手册，这些绝不是桌上的摆设，也不是员工看完就可以置之脑后的，而是要求全体员工严格遵守的公司法典。没有员工的严格遵守，公司的制度就形同虚设，这是任何公司都不允许的。

对于公司来说，在制度面前，只要是规章制度，不论职位高低，都必须不折不扣地执行，做到领导在与不在一个样，有监督与无监督一个样。

因此，一个优秀的公司必须要有严格的纪律，而一名优秀的员工则必须要有强烈的纪律意识，来保证责任的严格执行。

【赢在落实】公司对员工最基本的要求，时刻严谨遵守各项规章制度。提高工作的自觉性，才能保证工作效率的进度。

【制度样板】

月份生产计划表

____月份预定工作日数____日　　　　　　　　　　　　　　　　单位：____

生产批号	产品名称	数量	金额	制造单位	制造日程		预计出口日期	需要工时	估计成本			附加值	备注
					起	止			原料	物料	工资		
1.													
2.													
3.													
4.													
5.													
6.													
7													

配合单位工时		预计生产目标		估计毛利	
准备组		产值		附加值	
质检组		总工时		制造费用	
包装组		每工时产值		估计毛利	

审核：　　　　计划：

第四辑

老板不“狠”，公司不稳，执行制度重在领导有方

公司制度的落实情况，很大程度上取决于公司管理层的作为。只有领导者铁腕立威，维护制度的权威，严格按制度办事，才能确保整个公司的落实力不含水分。

1. 管理者正人先要正己

春秋时期，晋国有一名叫李离的狱官，他在审理一件案子时，由于听从了下属的一面之词，致使一个人冤死。真相大白后，李离准备以死赎罪，晋文公说：官有贵贱，罚有轻重，况且这件案子主要错在下面的办事人员，又不是你的罪过。

李离说："我平常没有跟下面的人说我们一起来当这个官，拿的俸禄也没有与下面的人一起分享。现在犯了错误，如果将责任推到下面人身上，我又怎么做得出来。"他拒绝听从晋文公的劝说，伏剑而死。

在公司管理中，老板经常为自己的过错感到痛悔，虽然痛悔，但因虚荣心，让老板找借口去惩罚别人，而那些无辜受到惩罚的"替罪羊"，早晚都要奋起自卫。这样"拿自己的错误惩罚别人"，最终受到惩罚的还是自己。

【赢在落实】正人先正己，做事先做人。管理者要想管好下属必须以身作则，该惩罚自己的时候就要惩罚自己。要事事为先、严格要求自己，做到"己所不欲，勿施于人"。

2. 要有“慈不掌兵”的意识

《孙子兵法》有言：“厚而不能使，爱而不能令，乱而不能治，譬若骄子，不可用也。”可见，管理者可以有仁爱之心，但是不宜仁慈过度，以至于失去惩罚的魄力。

管理者的职责在于为企业创造效益，因此不能对违反制度的员工不闻不问，这样只会让员工产生懈怠之心，延误工作效率。管理者一味的姑息迁就、失之于宽，会让公司制度形同虚设。

公司的发展离不开制度，但是制度不落实也同样可怕。针对违反制度的员工，管理者应采取相应措施施以惩戒，压住自由散漫的风气，保证制度落实。

【赢在落实】“慈不掌兵”是治军理国的大智慧，也是管理员工、促使制度落实的大谋略。管理者应该把这句话作为自己的座右铭，让这种意识深刻地印在自己的心中，如此才能管好员工、治理好企业。

3. 执行制度要严格

著名的马克西姆餐厅遍布各大城市。在餐厅的管理制度上，从卫生到服务，甚至到回答客人的各种问题，都有严格的规定。并且，内容具体细致，任何人都不得违反。

比如，《总则》中有这样一条规定：对顾客提出的任何问题，永远不能回答说："不知道。"如果遇到不清楚的问题，应向客人说明，马上去问，给顾客一个满意的答复。

马克西姆餐厅执行得十分出色。服务人员已经养成一种习惯，即必须尽力给顾客以满意的回答。

在调动员工积极性的同时，马克西姆餐厅也制定了严格的惩罚条例，所以员工不仅自觉遵守制度，而且能严格执行规章中的要求。

【赢在落实】制度的严格执行，离不开员工的自觉遵守，因此管理者应该对员工福利、培训方面投入更多精力，从而提高公司的竞争利润。

4. 执行的关键在于行动

成功需要霸气，但是再大的人物，如果没有去行动，也无法赢得成功。那些有本事的男人，并非天生就有能力，只不过他们更善于行动，更敢于用执行让梦想成真。因此，光有美好的想法并不能成就事业，要想取得成功，必须立即作出决定，马上行动。

当有了好想法的时候，应当立即去行动，甩掉惰性、借口，用行动打磨出别样的人生，才是精彩。

(1) 把事情做得更好。进步本身是一项最重要的品质，做事情时要有上进心，要尽自己最大的能力把事情做得更好。

(2) 没有做不到的事。这个世界上没有做不到的事，只有不去做的事。成功的管理者，是因为他们把梦想转化为具体的目标，并付之行动。

【赢在落实】将执行付诸于行动的过程，需要不断的坚持。只要用智慧，就只有想不到的事，没有做不到的事。行动才是公司发展壮大的关键。

5. 对自己要求高一点

对于管理者来说，对自己的要求不一样，努力的程度、事业的成就都会有很大差异。每一个成功的管理者，都会对自己提出更高的要求，敢于吃苦，从而练就自己的耐力和胆识。

如果一个公司的老板对自己要求不高，那么公司的制度也就没有办法有效地执行下去。能否做到严格要求自己，主要取决于两点。

(1) 做人要有野心。

人的心态，最重要的是必须有野心。说白了，就是要有理想、企图以及行动的动力。

(2) 面对竞争，没有理由可讲。

奋斗，绝对是一次对身心的严峻考验，任何时候，想要有所建树，都会遇到各种想象不到的困难、挑战，管理者必须敢于面对竞争，以持续不断的努力迎来胜利的曙光。

【赢在落实】 即使面对再大的挑战，只要对自己要求高一点，有吃苦的准备，有排除万难的决心和信心，就能在一番奋斗之后站住脚，坚持到胜利来临。

6. 一鼓作气地把事情做下去

每个老板的成功故事，都取决于某个关键时刻。当这个时刻来临时，一旦犹豫不决或退缩不前，机遇就会失之交臂，再也不会重新出现。如果在关键时刻一鼓作气地把事情做下去，就能见证自己的人生奇迹。

管理者在适当的时候可以速战速决，这样做的好处是，可以避免做事情的乏味和无趣。与其把今天可以完成的任务千方百计地拖到明天，还不如用这些精力把工作做完，任务拖得越后就越难以完成，做事的态度就越是勉强。

拖延则通常意味着逃避，其结果往往就是不了了之。而所有的希望都会消磨，也都会淹没在日常生活的琐碎忙碌中，或者会在懒散消沉中流逝。

【赢在落实】 许多事情，凭借的就是一股精神头。一鼓作气地干下去，才能闯关成功，不让惰性、贪婪、自私毁掉公司的发展。

7. 制度是制度，情分是情分

任何一个公司都有自己的规章制度。只有坚持执法严明、不徇私情，不因为违反规则者是特殊人物而改变，才能更好地维护公司制度的权威性和威慑力，保证执行力落实到位。

作为管理者，对违反制度的普通部下要该罚则罚，对那些与自己关系不一般的部下也应如此。而要把握好制度和情分之间的关系，也需要管理者掌握好以下点：

（1）既要有永不动摇的勇气，又要有如履薄冰的谨慎。

不管是谁违反了公司制度，都要坚持原则，在进行相应的处罚时，拿捏好分寸，既让员工能够接受你的“威慑”，还不能让其心存抱怨。

（2）既坚持原则，又能保持宽厚。

坚持原则并非要不近人情，以温和的态度去处事，在谈笑中解决问题，才是基本原则。

（3）既以理服人，又以情感人。

既善于批评，又善于抚慰。要让员工能明了事理，也能从情感上认同自己的主张。

【赢在落实】公是公，私是私。制度在实施时应该一视同仁，不能因为任何特殊关系存在而有任何的改变。这样才能服众，才能真正实现用制度化管理。

8. 让渎职的员工付出代价

小王和小李同时应聘到同一公司。经过三个月的试用期，小李被委以重任，小王却失去了工作。为什么同样学历的人却有如此不同的境遇？

原来，小王到这家公司后，认为在这样一家没名气的公司工作没什么意思，并对公司安排他做业务员感到不满，感觉屈才，不珍惜也不感恩，每天唉声叹气，没心情好好工作，还时常抱怨工作又苦又累。在三个月的试用期里，他没有干出半点成绩。

而小李从上班的第一天起，就下定决心，要在最平凡的岗位上干出不平凡的业绩，以报答公司给予的工作机会。小李努力学习公司的业务，熟悉公司的运营规则，并虚心向前辈学习。这样坚持不懈三个月后，他的工作业绩与老员工不相上下，得到了公司领导的认可。

故事中的小王就是虽然有着丰富的知识、卓越的能力，却因为渎职而付出了失去工作的代价。

【赢在落实】公司里的每一个人都肩负着公司生死存亡、兴衰成败的责任。一个人即使能力再强，只要渎职就等于丧失了基本的职业道德，终究会付出代价，如不接受教训甚至会被公司和社会所抛弃。

9. 不可能让人人都满意

任何时候，每个人的主观感受和需要都不相同，看问题的角度也不相同，因此相互之间的意见也是不同的。老板想要在员工面前面面俱到是不可能的。

因此，在公司的经营过程中，老板应该坚持发展目标，做自己应该做的事，不被他人的意见所拖延。

(1) 用行动而不是语言去说服人。

一个人的行动，胜过千百万句深思熟虑的言词。与其苦口婆心向他人解释你的意图，不如赶快行动起来达成自己的目标。行动的力量，胜于一切。

(2) 从退让到拖延到回敬的过程。

坚持原则，是老板的可贵品质。面对各种无理要求，始终坚守底线，不为了个别人而放弃标准，是做人做事的法则。

【赢在落实】坚持原则跟讲究策略本身并不矛盾，在公司的管理过程中，必须坚定目标，既有严厉的一面也能让人信服自己，这样才能团结下属，保证制度落实到实处。

10. 老板要敢于说狠话

在商业世界里，无论谈判桌上还是市场细分领域，一个老板要敢于说狠话，争取我方的利益。这样会彰显出一股霸气，这是经商必备的基本素养。

老板在关键时刻的几句狠话，既能表明立场，又能起到一定的威慑作用。

(1) 提防黑白脸攻势。

黑脸、白脸是最常见的谈判伎俩。在维护我方利益的时候，务必站稳立场，表现出应有的韧性和狠劲儿，不要被这种黑白攻势所吓倒。

(2) 给出你的最后通牒。

在谈判中，最后通牒可以给对方造成一定压力，从而让其让步，但是这不是谈判的终点，需要更认真地做好利益划分。

(3) 不可轻易放走客户。

当对方表示没有经费，多半并非故作姿态。此时正是在价格上让步，好像是对方无法拒绝的良机。任何时候都要努力抓住客户，不轻易放手。

【赢在落实】 生意场上，博取的是利益。老板代表的是公司，所以紧要时刻必须站出来说狠话，不需要回避，该宣传时无须躲闪，该夸下海口的时候请出口。

11. 利润来自于彻底的执行

香港华润集团原 CEO 宁高宁说过："成功的公司一定是在战略方向和战术执行力上都到位。何况在战略上完全失败的公司并不多，大多是在执行力的落实中拉开了距离。"

没有执行，再好的战略也是空话。管理者想要在公司发展中获取更高的利润，就要保证制度执行的落实要到位。执行力属于战术问题，从某种意义上说，它在公司的发展中起到了更持久的作用。

管理者应该以执行的踏实心态，对公司所处的环境及发展特点，进行透彻的分析与研究。然后结合公司资源来制定切实可行的战略规划，将团队的合作执行能力提升，从而为获取高额利润打下基础。

【赢在落实】 有效执行，是决定公司生死存亡的大问题，也是公司利润产生的现实推动力。公司要做强做大，就必须保证出色地执行任务，实现战略规划。

12. 坚决解雇“鸡肋式人物”

很多公司中都存在一类人，叫做“鸡肋式人物”，虽然他们通常工作努力，善解人意，甚至在公司有很好的口碑，但是他们在工作中却屡屡犯错，经多次提醒仍不见起色。

为了保证公司执行力的落实，老板应采取适当的方法解雇这类人。

（1）委婉解雇。

如果觉得解雇别人太冷酷无情，或有碍于情面，那就选择一种令对方易于接受的方式，委婉地劝他们离开。

（2）强硬解雇。

制度不容情，当感情渗入工作时，最好当机立断，不为感情左右。对那些难缠的人，可以着手办理解雇手续，不讲情面。

【赢在落实】“鸡肋式人物”的存在，会导致公司工作无法按时完成，降低整个团队的战斗力。因此，从长远来看，老板对他们不能心慈手软，而要以工作大局为重。

13. 老板要确保令行禁止

《司马法·定爵第三》提出“滤既定，心乃强”的观点，就是要提醒军事领导人用兵作战的时候，一旦确定了谋略，就要下定决心去做，在执行的过程中要坚决。

中国人普遍信服权威，作为公司的管理者，要避免犹豫不决，做到“令出必行”。这样做，可以让员工对自己充满敬畏，产生威信。

具体到公司管理中，管理者对制度的制定一定要全面、准确，对于发展战略的制定要做到超前、务实和理性。当商业计划一被确定，就应坚定不移地贯彻执行正确的命令。

【赢在落实】公司的管理者中，最忌讳三心二意、朝令夕改的人。只有保证正确的执行策略能够迅速落实，实现令行禁止，才能提高管理效率，实现公司资源优化，提高竞争实力。

14. 及时解雇不称职的员工

面对不称职的员工，老板万万不可心慈手软，应从公司长远发展的大局出发，在对其解雇时一定要坚决果断。但是解雇员工也要有赖于一定的方法策略，不能一味地严肃硬气，也要适当地讲究软硬兼施，防止这类员工日后对公司进行打击报复，因此，刚柔两手并用是上之策。

(1) 让员工完成诱人可“期”的艰巨任务。

(2) 看实际情况，给忠诚的员工一次机会。

(3) 创造条件，有意让别人“挖”走他们。

(4) 用些明白的方式暗示他们辞职，体面解雇，给员工保留面子。

(5) 可以采取隐蔽的降级方式来让其自觉离职。

【赢在落实】 一个精明的老板应该掌握解雇的步骤。在解雇员工之前，要先给他几次警告，让他明确知道自己行为不合标准。然后在某次会面的时候，指明他的行为仍不合格，将面临被解雇的危险。

15. 优柔寡断害死人

老板在管理过程中，应该雷厉风行、做事干脆。遇到问题的时候应该主动面对、积极思索，并迅速作出决策，切忌优柔寡断，否则就会失去时机，造成不必要的损失。

商场竞争瞬息万变，商业经营越来越复杂，因此，培养果断、克服优柔寡断对管理者尤为重要。

(1) 有胆有识。心理学认为，人的决策水平与其所具有的知识、经验有很大的关系。一个人的知识、经验越丰富，其决策水平就越高，反之则越低。这也就是俗话所说的“有胆有识，有识有胆”。

⑵ 主动思维。“凡事预则立，不预则废”。平时经常开动脑筋，勤学多思，是关键时刻有主见的前提和基础。

⑶ 决定取舍。不要追求尽善尽美。“金无足赤，人无完人”，只要不违背大原则，就可以决定取舍。

⑷ 自强自立。培养自信自主自强自立的勇气和信心，培养自己性格中意志独立性的良好品质。

【赢在落实】一个身负重责的老板，必须意志坚定、态度坚决、充满信心，有毫不犹豫地作出决断的魄力，从而落实制度的实行。

16. 避免受到各种利益的牵绊

管理者身居高位，肩负着公司发展的重要职责。在做出有关公司发展的各项决策时，要保证公正、科学、客观，避免受到各种利益的牵绊。

如果一个管理者总是被私利或者其他利益牵绊，便无法做出最英明的决断，从而可能给公司利润造成损失。因此，决策要有正确的方向，制度的执行才能落实到位。

当然，再好的管理者也有自身的一些弱点和缺陷，在做决策的时候也可能会加入自己的情绪、喜好等。在关键时刻，管理者需要从大局的利益出发，秉承公正的原则来保证制度的执行。

【赢在落实】 追逐利益是商人的本性，在纷繁复杂的商场变幻中，管理者能够以公正的立场决定自己的取舍，保证制度执行按照正轨落实，对于公司的竞争力提升，以及效率提高，都具有重要的意义。

17. 千万别做“扶不起的阿斗”

古往今来，那些成功的老板，都是有真本事的人，他们知道人生的艰辛，创业的艰难，命运的风险。但是他们最终历经磨难，靠着自己的实力将公司发展壮大。

制度的落实有赖于老板自身的坚定意志，处在领导层面，肩负公司发展前景的他们，更应懂得居安思危的道理。

(1) 居安思危。

在一切表面上都顺心时，老板心中应谨记：来之不易，守之更不易。如果没有吃苦耐劳的优良品质，没有蒙苦受难的创业斗志，而白享非分之富，实是为祸不远了。

(2) 敢于吃苦。

成功千古都是一样的，不付出艰苦的努力和代价，断然不可能，而只愿坐享其成，天下没有这样的好事。公司要壮大，就必须要有吃苦的精神。

【赢在落实】公司要有好的发展前景，管理者是关键，制定决策，落实制度的执行，都离不开坚韧的意志和不寻常的能力。

18. 别让规则束缚你的手脚

公司的发展时刻处在被规则限制的环境中，想要在大环境中生存和发展，就必须遵守这些规则。

遵守规矩固然重要，但是，一个循规蹈矩、因循守旧的管理者，在紧要的时刻不懂得变通，还是谨遵规则，会阻碍公司的前进，束缚自己的手脚。一般来说，干大事的人，都是介于贸然行事跟墨守成规两者之间，拥有改变的勇气和魄力，才能用睿智的头脑来落实公司的规章制度。

所以，管理者在受到某种规则的限制时，在不违法的大原则下要学会变通，试着创新，为制度的落实找到更多的方法。

【赢在落实】不让规则成为前进路上的阻碍，才可以趋利避害，获取利益。时代在发展，规则也需要与时俱进，制度的落实要学会随机应变。

【制度样板】

离职管理规定

第一条 离职分为辞职、自动离职和解雇三种。

第二条 本公司员工自请辞职者，须提前一个月以书面形式申请核准，经部门主管批准后交人事部备案，到期后向人事部办理离职手续。

第三条 申请辞职者在书面辞职书得到主管批准后，依辞职书的离职日期准时到人事部办理离职手续，须清楚移交办公用品等。

第四条 辞职者在公司最后一个月薪资需到自离职之日起翌月尾才发放，如需托人代领工资的，可到人事部填写《委托书》。

第五条 未经正式程序申请辞职而擅自离职者，以自动离职处理，不享受正常离职的相关权益，包括薪资。

第六条 本公司员工有以下情形之一者，公司有权予以解雇：

(1) 在试用期间不合格者；

(2) 长期不能胜任所担任工作者；

(3) 严重违反劳动纪律或公司规章制度者；

(4) 被依法追究刑事责任者；

(5) 因病医疗期满后，仍不能正常工作的长期病患者；

第七条 被解雇者自被通知解雇之日，应按期到人事部办理离职手续。办理手续时，须将办公用品等移交清楚，方可自动离开。

第八条 被解雇者所有薪资由财务部一次清算，并在解雇当日交被解雇者。辞职者和被解雇者超过三天尚未到人事部办理离职手续的，视为自动离职。

第五辑

抓落实的关键是抓中层，中层干部决定制度落实的成败

在日常管理中，中层干部发挥着承上启下的作用。一个公司的制度落实力如何，关键要看中层管理者是否得力。增强中层干部的制度意识、执行素养，能最大程度上确保各项制度得到有效的贯彻实施。

1. 从管理层入手解决落实问题

通常来说，公司的中层管理者是指在产品开发、策略规划、人力资源、会计财务、行销、生产等关键部门、岗位的管理人员。他们是公司中的一个特殊群体，由于他们自身职责和权限的规定，决定了他们既不是高层领导，又不同于一般员工的角色定位。

如果把一个公司管理比作一场排球赛，中层干部就是二传手，好的二传手，死球可以变成活球，不好的二传手，好球也可以变成臭球。因此，中层管理者的核心价值就是落实能力，也就是说中层管理者的落实力是公司管理成败的关键。

可见，抓落实，关键在抓中层。打造一批善于落实的中层干部，是各项制度、战略得到有效落实的重要保证。

【赢在落实】 当一个公司有了很好的制度，又有一套可行的目标管理方法，剩下的就是如何去落实。而价值的产生和期望的达到都有赖于中层管理者的落实力。所以，抓落实的关键是抓中层。

2. 找准中层员工的位置

所谓中层就是公司的中层，是公司范围的中间力量，代表整个公司的制度完成落实过程。如果将一个公司比做一个人，那么老板就是脑袋，要去思考公司的方向和战略；中层就是脊梁，要去协助大脑传达命令到四肢，也就是基层。由此可以说，中层就是老板的“替身”，也就是支持大脑的“脊梁”。

鉴于中层的重要性，所以要找准中层的位置。作为中层管理者，不要鼻子眉毛一把抓，从乘客到司机的转变就要有司机的责任，而不是乘客心态或者又想当司机的双重心态。作为中层，就要有中层的思维，能站在管理者的角度思考问题，坚决落实公司制度，而不是像一般员工一样只考虑个人利益。

【赢在落实】如果你是司机，但你还停留在乘客的位置，那么无论你的水平有多高，你都不是一个好司机。由此可见，作为公司中层，找准自己的位置是至关重要的。

3. 扮演好“教练”的角色

作为公司的中层管理者，除了要落实制度，还要扮演公司员工“教练”的角色，以提高员工的责任感和生产力。这一转变叫业绩辅导。在同员工交流的过程中，要履行好4项重要职责：培训、职业辅导、直面问题、做导师。

(1) 培训。

这种角色要求中层扮演一对一的教师，对基层员工进行培训，负责他们的业绩。

(2) 职业辅导。

作为职业“教练”，中层需要帮助和引导员工相当深入地就其现在和将来的职业发展道路探索其兴趣和能力所在。同时需要让公司了解员工的职业发展观，以便使公司作出相应的计划安排。

(3) 做导师。

与做职业辅导有所不同，导师需要源源不断地就公司组织的目标与经营观为员工提供信息和见识，教导员工如何在公司组织内发挥作用。此外，在员工遇到个人危机时，还要充当他们的知己。

【赢在落实】 老板终日忙于计划、组织、指挥和控制的日子已一去不复返了。这时，中层管理者就要发挥好“教练”的作用。他们必须对员工加以培训，让员工人尽其才，促使员工提高工作业绩。

4. 选好副手让你如虎添翼

作为公司领导者，要面对复杂的经营管理、应对各种难题和挑战，为自己选择合适的副手，不仅能得到好的参谋，而且能放心地让他们做好监督、执行工作，从而使自己在决策上投入更多精力。那么，什么样的人才适合做副手呢？一般来说，有三种人适合做副手：

⑴ 补充型人才。

这类人才分两种：一是自然补充型，既在工作岗位上，能自然地以其之长补领导之短，强化集体优势。二是意识补充型，能自觉意识到自己的地位、作用，善于领会领导意图，明白领导的短处，积极地以己之长去补领导之短。

⑵ 通才型人才。

该类人才知识面广，基础深厚，善于集思广益，有很强的综合能力。他们对企业管理中的事务无一不知、无一不晓，从而成为领导的最佳参谋。

⑶ 精细型人才。

这类人才做事注重细节，考虑问题周全，因此能够想到领导考虑不周的地方。

【赢在落实】 面对各种人才，领导在选择副手时，必须明确副手不仅仅是自己的助手，更是决策集体中的一员。因此，选择副手要遵循五个原则：第一，参与决策与有效执行法则；第二，发挥优势法则；第三，才职相称法则；第四，主动结构法则；第五，员工接受法则。

5. 小心求证，大胆任事

人才的选拔和培育，是公司永恒的难题。对于很多领导来说，人才问题让人头疼，甚至常常提起这样一句话：“千军易得，一将难求。”

一个公司有好的制度战略还不够，关键是找到合适的人去执行。在这个过程中，管理者要坚持“小心求证，大胆任用”的策略。在这个策略中，“小心求证”更具决定意义。“小心求证”主要包括以下几个方面：

(1) 考察视角可以变，但选拔标准不能变。

领导考察人才，要随着商业环境、企业发展而有所变化。但在选拔标准上，是不能随意改变的，原则性的问题必须坚持，因为这是选择人才的法宝，是考察人才的试金石。

(2) 任用速度可以快，但人才质量不能降。

当今经济发展日新月异，公司面对的挑战也层出不穷。很多时候，要求快速选拔人才、快速上岗，甚至是临危授命。这时，对人才的质量提出了更高的要求，那就是质量只能高、不能低，否则会得不偿失。这也是考察人才需要谨慎的地方。

【赢在落实】合理的用人制度使公司各类人才都能最大限度地发挥自己的特长，从而推动公司不断向前发展，创造出一流的效益。因此，老板在用人授权这个重大问题上，既要懂得授权之道，又要做好事前的考证工作，别在用人上“栽跟头”。

6. 把人才变成“将才”

人的潜能是无穷的，把人才变成将才，就能战无不胜。这应成为每一位老板的座右铭。在商场上，影响胜负的因素有很多，但将才无疑发挥着决定性的作用。优秀的将才能决定一个公司的生死，这种论断并非夸张，领导者要选择的就是这种人才。为此应做好以下两点：

(1) 要将人才的发现和选拔作为一个长期的战略任务。不同于公司的一般招聘，这些独当一面的优秀人才往往需要公司在日常事务中选择和培养，甚至借助猎头公司的力量。

(2) 聘用骨干人才时要舍得给予优厚待遇。“一分价钱一分货”，货好价格自然就高，值得重金相聘的人也必是业务精通、忠心得力的人才。所以公司领导者在用人方面不要吝惜钱财，必须充分显示出对人才价值的肯定和尊重。

【赢在落实】选拔、培养独当一面的将才，是老板的重要职责。但大多情况下，将才并非天生，而是在老板的支持下大胆干事，逐渐磨砺出来的。为此，老板要敢于用人，舍得花钱，让人才一次次爆发出惊人的战斗力。

7. 让中层在压力下成长

俗话说：有压力才有动力。作为公司的中层管理者，要在压力下求发展。

一只幼鹰如果被养在鸡笼里，它就失去了飞翔的能力；如果将它从山顶上扔下去，为了生存下来，它会拼命拍打翅膀，最终学会飞翔。所以说，如是没有一种拼命的环境，就不可能有拼命的人。

大部分公司的执行力问题，就是因为没有拼命的环境和机制。没有了机制与环境，员工为什么要拼命？当人处于既得利益状态时，一个企业中80%的员工就会变得毫无斗志。

【赢在落实】 生于忧患，死于安乐。如果是鹰，要把它扔下悬崖，重新飞起来，否则就会面临死亡。在公司管理中，也要培养中层的忧患意识，把他们扔下悬崖，逼他们重新飞起来。

8. 让有能力的人拥有权力

在论述兵法取胜之道时，孙子曾说过：“将能而君不御者胜。”即将帅有才能而君王不直接驾驭的情况下才可以取得胜利。这句话实际上包含着深刻的授权思想。

权力是一把利剑，有的管理者注意暂时放手，有的管理者则绝不放手。正确的方法是：让有能力者有权力！

让有能力的人拥有权力，其实是让能人把自己的成功经验复制，最后通过团队的力量获取更大的成功。这是授权的出发点，也是授权的价值所在。管理者授权给能人时，一定要注意，既然他有能力，就让他大胆发挥手中的权力，让他动脑筋当企业的主人；同时，他出现难题时，还要在恰当时候给予指点。

【赢在落实】分配下属任务后，就必须同时给他们相应的权力，没有权力，就是巧妇难为无为之炊。在授权后，就不要牵制他们，使他们各司其职，这样才能使企业兴旺发达起来。

9. 使公司中层尽快成长起来

中层管理者，是老板的左膀右臂，用好这些人可以产生以点带面的效应。公司高层对中层成长的影响，来自管理风格、行事方式、个人品格等方面。那么如何让中层尽快成长呢?

(1) 减少亲自上阵的频率。

作为老板要在适当的情况下减少亲自上阵的频率，转而安排自己信得过的人通过隐蔽的方式监督工作进度。这样，既可以节省老板的时间，又能使中层得以锻炼。

(2) 维护中层的权威。

作为管理者，要想获得更大的成就与发展，就必须获得更多下属的支持。要想获得这种支持，老板应该着力维护值得放权的中层的权威，而不是用各种方式显示老板的权力。

(3) 放权不是放任。

老板既要完善公司权力制衡的治理结构，与此同时也要接受制度的约束。如此，从老板做起，“制度管人”必会更好地推行。

【赢在落实】 对于那些资历欠缺、潜质优秀的年轻中层主管们，老板应该为他们安排可以有效调度下属的管理辅佐人。否则，老板将可能遭到“拔苗助长”的打击。

10. 扶上马，送一程

管理者交代一项任务给员工后，并不代表他的责任就已经完成，还应该负起另一项重要职责：给予员工适时的帮助和指导。

(1) 命令追踪。

命令追踪是确保命令顺利执行的最有效方法之一，是成功的管理者经常采用的控制手段。命令追踪的方式有两种：亲自观察命令执行的状况；员工定期呈报命令执行状况的说明。

(2) 监督进度。

监督工作进展时，尽量避免干涉员工的具体工作；以适当的方式提出意见或提醒；确认绩效，兑现奖惩。

(3) 全局统御。

授权的目的是把领导者从具体事务中解放出来，使他们有更多的时间和精力思考全局的问题，这样会比事事躬亲时更能统御全局。

【赢在落实】 作为公司领导者必须参透“一手软，一手硬，一手放权，一手控制”的授权之道。当领导者完成授权环节后，还要了解员工工作的完成情况，这就要求领导者对于授权的员工进行进一步的指导和检测，保证权力的下放效果。

11. 让基层管理者绷紧“落实”这根弦

基层管理者是指那些直接在现场指挥员工完成任务的人员，他们的任务就是按照高层和中层领导的规定完成任务。因此，基层管理者在落实中的作用就显得尤为重要。员工落实力的真正提高，有赖于基层管理者在头脑中绷紧“落实”这根弦。

在一个公司里，基层管理者承担着重要的落实工作，他们的素质和管理方式最终会影响到企业的落实力。一个优秀的基层管理者要能够及时发现工作中的问题，并且及时采取有效的对策。在工作中，基层管理者要时刻绷紧“落实”这根弦，发现员工有违反制度的行为后，必须马上做出处罚，严格落实公司制度。

【赢在落实】公司员工是直接实施者，最高管理者的意志最终要通过员工操作来实现，而基层管理者是一线员工的直接领导，因此，基层管理者要绷紧“落实”这根弦，才能保障公司制度落到实处。

12. 一对一地批评教育

在不少老板身上都有各种令员工情绪低落、失去积极性的毛病。在同事面前随便批评人就是其中一例。众所周知，这种做法通常会适得其反。

批评的目的在于通过适当的方式，在适当的时间地点促使对方发生转变。而当着众人的面批评员工，只会让对方产生屈辱感，从而无法平心静气地进行反省，反而会产生强烈的抵触情绪。此外，他们还会对老板产生不信任感，继而想极力强化自我辩解的合理性。

因此，当对员工进行批评时，必须是一对一，而且要在他人听不见的情况下和个别交流的场所进行。这是作为领导者所必须严格遵守的原则。

【赢在落实】当面对违反制度的员工进行批评时，公司老板必须考虑员工的接受程度和自尊心，坚持一对一的教育批评，确保员工积极改正错误。

13. 做好关键员工的管理

为了防止关键员工的流失，重点在于做好关键员工的日常管理工作。在具体方式和方法上，更强调有针对性、有创意的管理。

(1) 关键员工队伍的规划。对关键员工进行整体、系统的战略性规划，从而为关键员工的有效管理打下良好基础。

(2) 关键员工的文化管理。公司文化对于关键员工的管理重点在于公司战略目标与关键员工的个人发展目标。

(3) 关键员工队伍的激励。这主要从两个方面人手：即关键员工的绩效管理和薪酬管理。

(4) 关键员工队伍的开发。其重点在于素质开发，高素质是高绩效的基本前提。

【赢在落实】公司能否保持稳定健康的发展，关键要看骨干人员的素质是否能够满足公司发展的需要，所以老板一定要做好关键员工的管理工作。

14. 让中层置于有效的监督之下

监督总是与权力相伴生。但凡有权力的地方，就必然需要监督。无数经验证明：无论管理者多么高明，都难以对自己进行有效的监督。加强对公司权力运行的监督制约，使中层置于有效的监督系统之下，能够防止他们滥用权力，从而实现制度真正落实。

事实上，对中层的监督也必须遵循一定的制度和原则。具体如下：

(1) 公开性原则。

公开性是实施监督的前提条件。如果监督主体对监督客体的所作所为不知情，何谈监督？权力制约必须要有公开的监督制度相伴随，公开本身就意味着监督。

(2) 分权制约原则。

监督的精髓在于权力的分立与制约，公司各部门之间，必须使其职能与权力分明，同时必须在各权力之间建立相互监督的制约机制，这样既能避免权力过于集中，也能避免各种权力各行其是等弊端。

【赢在落实】 作为公司的中层管理者，他们是高层和基层之间的桥梁，如果他们的权力处于无监督的状况下，会导致公司陷入困境。

15. 重视干部满意度调查

老板必须经常进行干部满意度调查。干部满意度调查是一种科学的管理工具，它通常以调查问卷等形式，收集中层干部对公司各个方面的满意程度。老板可以通过干部满意度调查来评判公司制度的落实情况。

公司进行干部满意度调查的初衷就是要通过这种方法，弥补日常沟通的不足，听到更多干部没有说出但最想说的话。一个成功的干部满意度调查通常有如下几个功能：

(1) 通过“干部满意度调查”这个行为，公司可以表示对干部的重视。

(2) 搭建一个新的沟通平台，为更多真实的信息铺设一个反馈的渠道。

(3) 系统、有重点地了解干部对公司各个方面的满意程度和意见。

(4) 明确公司最需要解决的相关问题，即管理的重点。

【赢在落实】虽然干部满意度调查的数据和现实状况会有差距，但老板还应抱着期望在公司中开展调查，确定调查的可行性，确保公司制度的落实。

16. 管理的一半是培养人

培养的最终目标在于使员工具备企业人的成熟程度，做到有令则行。对公司管理者来说，应掌握这样一个简明定义：培养，就是促使员工发生变化，向着更好的方向转变。转变的要点大体分为三个方面：

(1) 纠正其坏习惯。主动接近属下，改变他们身上不遵守制度的不良习气和行为习惯，从而提高群体的工作效率。

(2) 提高其新的能力。老板要培养员工向上的进取心，提高新的落实能力。从管理者的角度来观察、评价，看员工是否对工作树立起必胜的信心。

(3) 改变其态度。改变员工工作无计划，做事拖延不执行。让员工养成事前充分准备，井井有条，信心百倍，敢于向工作挑战。

【赢在落实】 要使公司的制度切实地落实到位，老板就要在管理实践上去改变员工的习惯、态度，来增强他们落实公司制度的能力。

【制度样板】

值班管理制度

第一条 本公司员工值班，其时间规定如下：自星期一至星期五每日下午下班时起至次日上午上班时间止。

第二条 本公司于节假日及工作时间外，除由主管人员在各自职守内负责外，应另派员工值班处理下列事项：

(1) 指挥监督保安人员及值勤工人；

(2) 预防灾害、盗窃及其他危机事项；

(3) 随时注意清洁卫生、安全措施与公务保密；

(4) 临时发生事件及各项必要措施；

(5) 公司交办的各项事宜。

第三条 员工值班安排表由各部门编排，于上月底公布并通知值班人员按时值班。同时，要放置好值日牌，悬挂于明显之处。

第四条 值班员工应按照规定时间在指定场所连续执行任务，不得中途停歇或随意外出，必须在本公司或工厂内所指定的地方食宿。

第五条 值班员工遇事可先行处理，事后方可报告。如遇其职权不能处理的，应立即通报并请示主管领导办理。

第六条 值班员工收到电文应分别依下列方式处理：

⑴ 属于职权范围内的，可即时处理。

⑵ 非职权所及，视其性质应立即联系有关部门负责人处理。

⑶ 密件或限时信件应立即原封保管，上班时间或第一时间呈送相关领导。

第七条 值班员工应将值班时所处理的事项填写报告表，并在交班后送主管领导转呈检查。

第八条 值班员工如遇紧急事件处理得当，使公司减少损失者，视具体情况给予嘉奖。

第九条 值班员工在值班时间内，擅离职守应给予记大过处分，因情节严重造成损失者，从重论处。

第十条 值班员工因病和其他原因不能值班的，应先行请假或请其他员工代理并呈准，出差时亦同，代理者应负一切责任。

第十一条 本公司员工值班可领取值班津贴，其标准遵循相关规定。

第六辑

全力打造落实型员工，员工的胜任力决定制度成效

员工是公司制度的主要执行者，他们的执行力决定了制度的成效。为此，要加强基层员工执行力的培训，打造落实型员工队伍，提升团队的胜任力，确保每项制度落到实处。

1. 没有服从就没有落实

没有员工的服从，企业任何绝佳的战略和设想都不可能被执行下去；没有员工的服从，任何一种先进的管理制度和理念都无法得到有效的贯彻落实。员工在学习服从的过程中，对其机构的价值观念、运作方式才会有更透彻的了解。

服从是行动的第一步。服从上级，是组织中成员要学习的第一课。下级服从领导，是上下级开展工作、保持正常工作关系的前提，是融洽相处的一种默契，也是领导观察和评价自己下属的一个尺度。

对来自上级的决定、指令必须无条件地服从，并且要形成习惯，即使不理解的也要认真地去执行。

【赢在落实】工作中有分歧是在所难免的，但很多时候，对上司的尊重是表现在对其工作的支持。这种支持并不是盲目的服从，而要让上司感到你对他的指示、意图的执行，是认真对待和经过思考的。

2. 敬业的员工最能说到做到

对于一个公司，敬业精神决定成败。敬业是一种职业的责任感，是承担某一责任或者从事某一职业所表现出来的敬业精神。全面实施制度化管理，仅仅具有服从的观念和意识是不够的，因为服从只能够保证制度是否落实，而敬业则能够让你在制度的既定范围内做得更好。

(1) 敬业，为自己增添价值。

敬业表面上看起来是有益于公司、有益于老板的，但最终的受益者却是自己。一个勤奋敬业的人也许并不能获得上司的赏识，但至少可以获得他人的尊重。

(2) 没有激情，谈何敬业。

如果说敬业可以让员工做得更好，那么激情则可以让员工自动自发地工作，并且在工作中持续改进、不断提高。管理者和员工的激情是制度能长久地坚持下去，并得到不断完善的力量源泉。

【赢在落实】 公司要想在商场竞争中获得胜利就必须设法使每个员工敬业。没有敬业精神的员工无法让公司制度的落实得到保障，更无法为公司创造效益。

3. 消除“下有对策”心理

执行力是推动工作、落实制度的前提。事实证明，制度制定以后关键是执行，再好的制度如果没有人执行或执行不到位也是没用的。

作为一名员工，你的工作必须着眼在不折不扣的执行上。工作中切忌不按规矩办事。虽然有许多公司制度制定得比较完善，并把制度编制成册，或经常把制度性的标语贴在外面，但是在制度的执行过程中往往就变了样，成了“上有政策，下有对策”。

员工应以制度为准绳，不折不扣地完成工作指标，坚决摒弃“上有政策，下有对策”的错误行为，以强化自身的执行力。要做到这一点，不仅要学会在制度的约束下成长，更要学会利用制度给予的资源发展自己，提高自己和增加工作业绩，得到领导和同事的认同。

【赢在落实】制度重于能力。执行过程中，任何人都不应有逾越制度的言行，这应该成为每位员工的座右铭。

4. 5P 法则评估工作落实力

索尼公司经常采用 5P 评价体系来全面评估员工的业绩。5P 是指 Person (个人)、Position (职位)、Past (过去)、Present (现在)、Potential (潜力)。

一个员工有没有发展潜力，公司会通过一系列的措施来评估。员工是否能得到晋升，公司要考察其业绩：过去的业绩、现在的业绩、将来的业绩。将来的业绩看不到，但是可以预测他的潜力。

而最终的决定性因素就是个人的业绩、部门的业绩、公司的业绩，业绩最终决定了公司能够拿出多少钱来发奖金。公平地讲，公司应该完全按照业绩来发放薪金和奖金。

索尼领导者认为，潜力和过去表现不一样，要把两者明确区分开来。公司要给员工做咨询、职业指导工作，要让他们学会自己对自己进行测评、了解自己，这是公司人力资源部门的主要任务。

【赢在落实】 管理者要及时对员工的工作能力进行评估，掌握员工落实力的提升情况，从而在整体上作出相应的调整。

5. 让忠诚的人担重任

忠诚就是尽心竭力，真诚奉献。对公司而言，员工的忠诚度就是对所服务公司的奉献程度。忠诚的员工能够让公司赢得竞争的优势，是公司稳定发展的加速器。

员工的忠诚最先决定的就是工作绩效，忠诚的员工才能激发出无限的创造力，让潜能得以发挥。其次，员工的忠诚是维系组织内部稳定的重要因素，公司要想维持住互相依赖的雇佣关系，就要培养员工的忠诚度，让忠诚的人来落实制度。那么公司如何考察员工的忠诚度呢？

⑴ 多向员工提问，获得深层次的了解。

⑵ 善于追根究底，来检测真假虚实。

⑶ 把困难摆到他的面前，看他如何表现。

⑷ 故意让他管理钱财，看他是不是廉洁。

⑸ 将秘密告诉他，来观察他的德行。

【赢在落实】 员工是公司的基本成分，他们工作的热情代表了一个公司的生气，也潜移默化地表现了公司的实力。作为公司的老板，要做到正确的识别人才，选出忠诚的人委以重任。员工行为的忠诚是态度忠诚的基础和前提，而态度的忠诚是行为忠诚的延伸。

6. 严格守纪律，保证战斗力

纪律永远是忠诚、敬业、创造力和团队精神的基础。对公司而言，没有纪律，什么都无从谈起。要想成为合格的员工，就要了解职场的规范，遵守职场纪律。

而遵守公司的纪律不仅仅需要强制性措施，还需要每个员工的自我管理和自我约束。这种管理是一种自觉的状态。德谟克里特曾说：“和自己的心斗争是很难堪的，但这种胜利则标志着这是深思熟虑的人。”这句话正是对“自我管理”者的一种肯定。

一个员工，能够做到自我约束和管理，自觉遵守公司的纪律，那他就是一名合格的员工。拥有这样员工的团队，才能保证自己的战斗力。

【赢在落实】全球“IT代工之王”郭台铭曾说：“走出实验室，没有高科技，只有执行的纪律。”对公司和员工而言，遵守纪律、敬业、服从、协作等精神永远都比任何东西重要。

7. 可靠第一，能力第二

老板选用人才无非是想把公司做大做强。人才在公司的前进和发展中起到举足轻重的作用，因此，公司在选拔人才上要坚持“智能第一”的原则。

与聪明不同，智能指的是长远性，真正智慧的人会站在大局上思考问题，公司的经营者更是如此。一个团队中关键岗位上的人才最重要的就是可靠，其次才是水平和能力。只有这样的人才才能为公司的发展提供可靠、安全的保障。

作为公司的最高决策者，老板在选拔人才时一定要选好标准，选对人才。所谓的“接班人”不一定是最聪明的，但却一定是智能超群的。选好接班人才能让事业继续下去。

【赢在落实】在一个公司中，骨干型的人才能够独挡一面，他能够理智、干练地落实好公司的决策和制度，提升公司的效益。作为老板，要维持一个公司的稳定运转，就要选出落实型的人才，即执行力强的员工。

8. 方法比盲目执着更重要

一家公司招聘一名业务代表。甲、乙两名应聘者进入了决赛，在不一样的时间段分别被通知前来面试。

甲的面试很顺利，各种问题都对答如流，这时，负责面试的考官突然把一把钥匙递给他，并随手指了指室内的一扇小门：“请你帮我到那间屋里把一只茶杯拿来。”

甲接过钥匙就去开那扇小门，但就是拧不动。甲十分耐心地鼓捣了好长时间，极其礼貌地问考官："请问，是不是这把钥匙?"考官说："是的。"但是仍然无法打开门，他非常为难地说："门打不开，我也不渴……"考官把他的话打断了："那好吧，你回去等通知吧，一个星期以内若接不到通知，就用不着等了。"

乙在回答问题时并不流畅，但他很快就凭着那把钥匙在那间屋里把一只茶杯取来了。考官为他倒了一杯水，高兴地对他说："喝杯水，然后把协议签了，你被录用了。"

原来，那间屋不止一扇门，除去考官房间的那扇内门，还有一扇外门与考官房门相邻。乙把外边的那扇门打开了，取出了意味着求职成功的那只茶杯。

【赢在落实】在面对问题的时候，不能只从问题的直观角度去思考，要不断使自己智慧的潜力得到发挥，从相反的方面寻找解决问题的方法，就能让问题有新的转折出现。

9. 做事不要太匆忙

凡事预则立，不预则废，一个人只有懂得怎样安排工作，怎样把一个高明的工作进度表制定好，才能高效率地办事，在短期内出色地把老板交付的任务完成。

无论从事何种工作，事先的调查和分析都会对找到实现目标的最佳方案有帮助，好的钟表行走非常有规律，不快也不慢。

聪明的员工做事决不匆忙，也不拖沓，不莽撞，也不踌躇。优秀的员工做事总是井井有条，不慌不忙，没有积压，更绝对不会拖延。

他们并非一有想法就立刻去做，等发现偏差再去调整，而是起初就想好如何做，把所有事情都想好，理清思路，每一个员工一开始就应该有自己的终极目标，一开始就清楚自己的目的地在何处，也清楚自己现在在哪里。

【赢在落实】巴尔塔沙·葛拉西安，这位西班牙的智慧大师曾说：“做所有事情都不要太匆忙，忙乱中易于出差错；也别太轻率大意，别急于发表意见。”

10. 小事做到位，工作才完美

今天，“精通”二字是最应该做到的。许多员工抱怨公司不给升迁的机会，却不反思自己的行为，常常“眼高手低”，不注重日常工作中的琐事。其实，正是这一件件小事铸就了完美。

那些在事业上取得成就的人，必定是在某一特定领域里有过不屈不挠的努力。无论从事何种职业，都应该全心全力，尽自己的最大所能，以达到持续的进步。这不光是工作的准则，同样是人生的原则。

如果一个公司的员工缺乏责任感和理想，那么公司的发展就成了空谈。明白如何把一件事做好，比起对很多事情都了解一点皮毛来说，要强得多。

当你成为一个领域的行家，精通自己的所有业务，就能赢得众多良好的声誉，也就把一种潜在成功的秘诀拥有了。在工作中，一定要竭尽所能，因为他决定了今后事业的成败。

【赢在落实】一位哲人说过：“比另外的事情更重要的是，你们需要清楚怎样把一件事情做好；与其他有能力做这件事的人比起来，要是你能干得更好，那么，你永远都不会失业。”

11. 现在就干，马上行动

公司有了具体的规章制度之后，就要马上实行，不要只做计划不做行动，那样制度永远不能得到落实。

(1) 增强规划的能力。每天要做的事都要事先做个规划安排，能马上做的就马上做，不能马上做的，定下明确具体的时间。此外还要检查每一天的得失，做出第二天的行动计划。

(2) 提高策略水平，多想办法和计谋。比如将繁杂的工作适当分解为许多小的行动步骤，一次做一点。

(3) 不要为自己找借口。限定好完成的时间，给自己鼓励和约束，在不能完成时，要分析原因，不能找借口，留退路。

【赢在落实】任何计划都有缺陷，制度也是如此。毕竟都是写在纸上的东西，只摆在哪里，没有任何的说服力。制度要在实践中修改和检验。作为老板，有了制度就要赶紧执行，如果没有行动，再漂亮的计划也是枉然。

12. 卸掉员工的“思想包袱”

一家化工厂招聘了一批新的车间女工，其中一个在值夜班时，忘记关掉发酵缸的排废阀门，结果损失了近万元的原料。她吓坏了，眼泪巴巴的看着组长，组长看她的样子也就没有多说，就按照事故的流程上报了。

虽然没有挨组长的批评，但是还是给这位女工带来了巨大的思想压力。在压力的影响下，她的话也少了，神情都是呆呆的。怎样处理这件事故成了一个难题。

车间主任找她谈话，了解到她家庭的困难，而她的“思想包袱”也来自家庭，因此主任便说不是出错误就会被开除，而是看事故的严重程度和认错的态度。但这次却是重大事故，要按照规定扣她半年的奖金。听到这样的保证后，女工赶紧说：“只要不开除我，怎么样都行。”原本以为主任找她一定是要批评她，然后再开除她，但是主任轻柔地和她谈话，卸掉了她的“思想包袱”。谈话结束后，她终于恢复了笑脸，还保证以后会下工夫熟练规程，不再出错。

【赢在落实】工作就是员工养家糊口的饭碗，在员工出错时，老板不要一味地只关注处罚，还要查清楚出错的原因。此外还要注意员工的精神压力，不要让“思想包袱”压垮了你的员工。

13. 让该解决的问题到此为止

公司在发展的过程中，一定会遇到各式各样的问题，那么在管理者遇到这些问题的时候，应该怎样应对呢？怎样处理才是最佳的方案呢？

(1) 各自承担自己的责任。

所谓各司其职，讲的就是在公司出现问题时，各部门要各自承担自己的责任，通力合作，共同把问题解决掉，而不是互相推诿。

(2) 遇到问题，从不逃避。

作为管理者，在遇到问题时，要积极地想方设法解决而不是直接放弃，也许在问题的背后还隐藏着发展的机遇。事实上，世界上很多优秀的大公司在发展时，很多珍贵的机会都是在解决问题的过程中发现的。

【赢在落实】美国总统杜鲁门的办公桌上摆着一个牌子，上面写着“bookofstophere”，翻译成中文是：“问题到此为止。”意思就是说：“遇到问题就必须马上解决，不要推诿也不要逃避。”作为公司最高的领导者，老板也要有这样的信心，让该解决的问题到此为止。

14. 善于听取下属的汇报

在公司的运转中，有些员工常常提出一些有针对性的问题，出于礼貌，一般提出问题后员工就不再多说了，老板也常把问题看作自己的事情而不向员工提问。

公司是大家的，公司出现的问题自然是大家共同的责任。但是在一些公司里，尤其是业务量大的部门，常常会出现老板或者是老板的心腹忙里忙外、其他人无事可做的情况。这样一来公司就如同一盘散沙，只要老板一个人停下来，公司就不能正常运转了。

事实上，提出问题的人，一定做过深入的分析调查，既然能提出问题就可以解决问题，然而老板却忽略了这一点，总认为员工的问题就是要老板解决的。因此，在落实公司的规划时，老板要养成听取下属汇报进程的习惯，时时听取员工的建议和看法，让大家一起为公司的发展出谋划策。

【赢在落实】 不少公司的管理者都懂得了汇报的好处，但是仅仅是口头汇报却收效甚微，老板可以让员工把汇报整理成书面材料，这样一来既能节省时间又能使汇报有条理，还能锻炼员工的能力，一举数得。

15. 别让员工成为“差不多先生”

“差不多”、“还可以”，是人们在回答问题时的口头禅，然而公司的发展追求的却是高效、快速、明确。如果没有明确的目标和计划，就没有清晰的发展方向，浪费了人才和资源。作为经营者，要如何防止员工成为“差不多先生”呢?

(1) 不要忽视工作中的细节。

老板在把握公司大方向的同时，要兼顾细节，要让员工自动自发地去将工作做到位，激发他们热情工作的态度和潜能。

(2) 别以为小错就不是错。

“千里之堤毁于蚁穴”，对于小错误，要做到早发现、早承认、早治理，只有这样，公司才能在成功的路上稳步前进，才能飞得更高。

【赢在落实】一个公司的发展除了要依靠技术、设备和经营理念之外，还需要具有把工作做到位的执着精神。老板要起到带头的作用，做好自己的本职工作，彻底将“差不多”的模式丢掉，做到分工明确、汇报细致，这样公司才能长期稳定地发展。

16. 让下属贯彻好老板的意图

老板的意图实质上就是对公司未来发展的规划，那么如何让员工执行老板的意图呢?

(1) 事先想到可能出现的任何不测。如果决策缺乏预见性，对失败的因素分析不充分，就会导致授权失败。对此，老板要把可能遇到的不测考虑充分，并想好应对方法。

(2) 向关键的下属征求意见。先向下属征求意见，听听他们的看法，并吸取一下大家的经验和思想。最后，老板再宣布自己的意图。这样，老板就能期望下属全力支持最后的决策，并竭力执行好任务，而下属不敢有推脱的理由。

(3) 要让下属充分了解全局。由于缺乏沟通而造成的错误往往比故意不服从造成的错误还要严重。只有让下属了解全局，才能很好地贯彻公司的决策。

【赢在落实】下属充分理解了老板的意图，才会有出色的执行。老板要选择适当的时机宣布重大决定，并且要鼓励下属以不变应万变，在自身决策出现错误时，及时纠正。此外，切忌不要越级发布命令，这样会动摇下属的信心。

【制度样板】

作业标准时间测定表

部门											车号	
管理项目	阶段编号	作业量		月 日			月 日			月 日		
		工时	比率	目标	部门完成比	整体完成比	目标	部门完成比	整体完成比	目标	部门完成比	整体完成比

审核：　　　　　　　　　　　　　　　　　　　制表：

第七辑

用纪律强化规矩意识，引导大家养成按制度办事的习惯

不论是做人还是做公司，都要养成遵守纪律、按制度办事的好习惯。增强每个团队成员的规矩意识，不仅是领导有方的需要，也是让制度落地的关键。

1. 纪律是公司的生命

没有规矩不成方圆，对公司而言，最重要的就是纪律。高明的老板善于利用制度、纪律来约束下属，通过建立科学有效的管理制度，保证公司计划的实施。

(1) 为了保证纪律要不讲人情。

纪律无情但人有情，然而纪律不是人情的问题，而是关系着整个组织的生死存亡。若是老板一时心软，破坏了组织纪律，以后会让自己陷入两难的境地，甚至失信于人，得不偿失。

(2) 纪律面前人人平等。

公司的制度、纪律决不能成为摆设。作为老板，应当以有效的手段保证其得以贯彻落实，一旦发现有人违规，便加以惩治，绝不手软。为了促成遵守纪律自觉性的好气候，老板尤其需要遵守纪律，身体力行，发挥表率作用。

【赢在落实】“凡治之极，下不能得”，先哲振聋发聩的训导不可忽视，管理者要学会以必要的监督约束机制治理公司，通过文档管理、签订工作协议等，实现企业制度化、科学化管理，从而让公司走得更长远，实现基业长青。

2. 规章制度是条“高压线”

“高压线”，顾名思义，“不能碰触的线”。每个公司都有自己的规章制度，就是标注出了员工应该做什么、不该做什么，任何人触犯了制度都要受到处罚。

公司对新员工的培训第一课就是向员工说明规章制度。为的就是让大家了解为什么建立制度，又为什么遵守制度。在向员工说明了制度之后，公司还要不断地观察员工的表现，并且给予反馈。管理者要不断地提醒员工：“你这样做不对，违反了哪一条规定。”这种提醒的过程十分必要，因为中层管理的执行权中包含这样一条制度：指导员工不断地反馈，如果他依然做不到才能惩罚或是辞退他。

在惩罚员工时，管理者要将他的行为和制度进行对比，比较二者是否相差很大，具体都表现在什么地方，为下一步的执行提供有力的依据。

【赢在落实】制度的制定不是为了惩罚，而惩罚的结束也不是真正的结束。员工受到教育并以此为戒，更好地遵守制度才是真正的结束。制度的“高压线”还是不碰为好，为了自己，也为了集体。

3. 营造循规蹈矩的办公环境

公司制定的规章制度是为了给员工营造良好的办公环境，让公司更好的发展。作为管理者，应当以有效的手段保证其得以贯彻落实，一旦发现有人违规，就要严加惩治，绝不手软。

为了促成遵守纪律自觉性的好气氛，管理者可以采取以下几个明确的措施：

（1）广泛宣传。

规矩定下了就要让员工知道这个规矩的存在。一些国外的公司都会按照惯例给每个员工发一份公司规定，并让他们签署一份声明，表示已经收到、阅读并理解了公司的规章。

（2）保持镇定。

在出现违规行为时，管理者最先做的就是控制情绪，保持镇定，切忌对员工大发雷霆。

（3）调查了解。

这是极为重要的一环。对于违规行为绝不能单单惩罚了事。在作出决定之前，管理者必须先搞清楚具体发生了什么问题，以及员工违规的原因。

（4）一视同仁。

规矩是为大家制定的，自然也要大家共同遵守。一视同仁就是指在同样条件和同样的情形下，应该采用同一种处罚。

【赢在落实】老板要重视办公环境的营造，在执行公司的规章制度时，绝对不能心慈手软，作为制度的第一执行人，老板一定要做到并且要做好，为员工们树立一个标杆。

4. 养成良好的做事习惯

良好的习惯是做事成功的基石。在军队中，每一项命令都能得到有效的实施，就是因为军人已经养成了按照纪律做事的习惯。任何一件事军人都能执行到位，这也是现代公司员工所欠缺的，因此，很多公司都会让新员工接受军训，为的就是锻炼员工的做事习惯。

公司训练员工的目的有三个：一是增强团队意识，二是学习训练中的坚持精神，三是培养良好的行为习惯。公司的管理仅凭“温和的刺激”达不到效果，还需要“强化”，通过“强化”来规范员工的行为，形成自觉意识，循环往复，养成好习惯。

【赢在落实】无论做什么事情都应该有良好的习惯，公司更应该如此。只有当公司有一套行之有效的管理制度时，才能更好地将精力都投入到产品的经营上。老板要重视员工好习惯的养成，而在关注员工的同时，老板也会潜移默化地养成好习惯，这对公司的良性发展是有好处的。

5. 要改变习惯，先改变想法

任何一个人都不希望自己的习惯被打乱。遇到任何新思想、新方法，甚至是做事的不同方式，都会遇到一些阻力，为了减少这种阻力就要改变他的想法。

为什么人做事总有自己的一套办法，或者总是按照自己的习惯去做呢？原因有二：首先，那是一种习惯。其次，是因为他们觉得那样做对他们自己有好处。老板要想引导员工养成按照制度办事的习惯，就要先改变他们的这个想法。

老板要改变员工的习惯，就必须给他提供一种新的工作方法，并且让他明确地感受到这种方法能让他获得比原来使用的方法更大的好处，只有这样员工才有可能接受你的新方法。

【赢在落实】老板引导下属按照自己的意图工作才能达到劲往一处使的效果。当员工知道，按照你的要求做他会有什么具体的好处之后，趋利性就会让他按你提供的方法工作。这是改变一个人的想法最快捷的方法，如果老板想不出好处来引导员工，那么就不会有任何改变。

6. 做好有效的纪律培训

纪律是军队中的无上法则，在公司中也是。经营者们也看到了纪律带来的效果，纷纷制定了很多公司的规章制度，但是却收效甚微。可能昨天发下去的纪律守则第二天就被员工扔掉或者是放在一个自己都记不起来的地方。不少经营者都叹息："现在的年轻人都没有教养。"

事实上，这句话是错误的。工作与生活不同，不是员工缺乏教养，而是缺乏纪律的培训。这一点就是公司的责任了。组织有效的纪律培训，让员工认识到纪律的重要性是必要的。

很多跨国公司，在员工开始工作的第一天就是纪律的培训，发给员工的纪律守则也会定期抽查，并建立了相关的奖惩措施，通过奖励的方法调动员工对纪律的重视。奖惩不是公司的最终目的，只是为了培训员工的手段。

【赢在落实】纪律定好了，就要实施。纪律本身就是严肃的，作为老板，不能单依靠情理来领导员工。只有纪律才能将大家约束团结在一起。有了纪律的保证，公司的业务才能高效快捷的完成。因此，对于员工的纪律培训是老板工作中不可懈怠的一部分。

7. 从改变员工的习惯开始

公司除了要对员工进行业务的培训之外，还要进行纪律的培训，但是大多数的经营者并没有组织员工培训的具体方案。经营者可以采取以下的措施：

(1) 严明纪律。向员工讲清楚公司的各项规章制度，以及遵守纪律的必要性。如果员工因为不清楚公司的条例犯了错，不要一棒子打死，而是要再给一次机会；但是也不能一而再再而三的宽容，该处置的就不能手软，这样才能让员工做到令行禁止。

(2) 不断督导员工，从他们的生活抓起。比如，组建一个检查小组，在员工用餐时看他们是否讲究卫生，坐姿是否正确，从小错误纠正他们，养成服从纪律的习惯。

(3) 制定相应的评分标准。公司制定好条例之后，就可以制定相关的评分标准，评出优、良、差，或者用打分的形式，以保证条例得以贯彻。

【赢在落实】 要贯彻公司的纪律就要从基层员工抓起，改变他们的习惯，服从纪律和指挥。如果单位条件允许也可以定期地进行员工的军训活动，对纪律进行强化，这样就能更好地达到纪律培训的目的。

8. 培养纪律自觉性七招

制度的执行、纪律的遵守除了依靠管理，还需要员工的自觉。海尔集团董事长张瑞敏曾说过：“忙碌的人才能把事情办好，呆板的人只会投机取巧。”

为了形成遵守制度与纪律自觉性的好氛围，管理者可以把握好如下几个原则：

(1) 私下谈话。在员工出错的时候，如果公开进行批评，那么受批评的员工会因当众受批评而产生怨恨，形势就可能恶化而起破坏作用。私下里批评分不仅能给员工留面子，还能更深地了解员工的想法，为下一步的工作提供方向。

(2) 坚决公正。公正是指要有充分的根据，它包括解释清楚公司为什么要制定这条规章，为什么要采取这样一个纪律处分，以及希望这个处分产生什么效果。

【赢在落实】 管理者不要总是强调员工该遵守什么，而要让大家知道自己该做什么，不该做什么。只有培养员工遵守纪律的自觉性，才能帮他们养成按制度办事的习惯。

9. 告诫员工要收到实效

作为公司的管理者，告诫是管理工作中一个不可缺少的方面。告诫的目的是使员工改变自己的不良行为，比如旷工、迟到等等。那么管理者要如何才能收到告诫的效果呢？下面几点建议可以提供一些借鉴：

(1) 事先要让员工知道组织的行为规范。在对员工的违规行为告诫之前，要先让员工对公司的纪律有充分的了解。为公司制定一个行为规范，并公之于众是至关重要的。

(2) 告诫要有明确的理由。当对员工进行告诫时首先应当清楚地向员工讲明在什么时间内，什么地点，实施了什么行为，违反了什么规则。

(3) 告诫对事不对人。对员工的行为进行告诫是因为员工的行为违反了规则，要时刻记住，你告诫的是违规的行为，而不是违规的人。告诫之后，要公平地对待员工。

【赢在落实】 告诫是基于权力之下的活动。告诫不宜用愤怒的方式，因为告诫是为了让员工改变行为，而不是争吵。老板要以平静、客观及严肃的方式对待员工。

10. 及时纠正带有“普遍性”的错误

批评的目的是为了纠正违规的行为，以防止给公司带来负面影响。但是经营者却不能轻易地用批评的方式给予下属告诫和警示，而是要对带有“普遍性”的错误和倾向进行批评。因为“普遍性”的错误带来的是对整个部门甚至整个公司的失误。

那么什么样的错误是普遍性的呢？比如消极、散漫的工作态度，不思进取的行为，这样的情况在每个公司都有，但若是任其滋长，员工就不再是公司发展的动力，而是侵蚀公司的蛀虫。

对于普遍性的错误，决不能手软，一发现苗头，就应给予严厉的批评，这是老板批评的重点，这样才能避免坏习气的蔓延，将阻碍公司发展的“病毒”扼杀。

【赢在落实】公司制定了制度之后，要维持高标准的纪律，在遇到“普遍性”的错误时，老板必须做出某种形式的惩罚，这样才能达到“杀一儆百”的效果，记住惩罚的目的是为了纠正，因此必须记住防范的要素，避免普遍性错误的蔓延。

11. 改变纪律松弛的局面

即使公司有纪律的培训和相关的评价标准，还是难免会有纪律松弛的时候。那要如何应对这个局面呢？

(1) 老板要做遵守纪律的典范。公司的制度不是给某一个人定的，而是全部的人，老板是制度的第一个执行人，自己都做不好，怎么要求下属维持高标准的纪律。

(2) 找出某个问题，集中整顿。假如你是新来的领导，就可以同时采取多项变革，但如果不是，就专门解决一个问题。将为什么会出现这种情况的原因一一列出来，然后逐一解决。

(3) 惩罚措施要做到公平合理。惩罚那些屡教不改的员工，要注意合理公正，不能引起其他员工的不满和怨恨。

改变纪律松弛的局面不是一朝一夕的事情，每个老板都希望能够直接从大局入手改变，但是如果操之过急，就会引起员工的不满，从而影响公司的改革。

【赢在落实】 绿色巨人公司的CEO托马斯·惠曼曾说："事情并不太复杂，假若要在下午4点召开一个会议（会议时间显然需要一到两个小时），这样就开始向他们传达信息了，或者下午5点钟时留张便条在某个人的桌上，告诉他没见到他感到很遗憾，第二天你可以找他要资料。你应明确规定工作完成期限。也应迅速答复发给自己的信件。"

12. 对员工进行纪律培训

戴尔公司创始人迈克·戴尔曾说："当实践和培训内容结合在一起的时候，就能显示出我这种培训方式的众多好处来。"每个公司都会对员工进行培训，现在的公司更加注重对纪律的落实，因此业务和纪律一定要两手抓。

作为管理者，对于纪律的落实一定要严明，对每一条管理条例都要烂熟于心。所谓上行下效，只有管理者做得好，才能在培训员工的时候做到清晰有条理，又能起到严肃的效果，让员工知道贯彻纪律的重要性。

管理要深入到基层，不能只对高层或是中层的员工进行培训，毕竟高管人员还是少数，真正执行公司决策的还是底层的员工。管理者要从生活、工作的各个方面对员工进行培训，要不留隐患和死角。

【赢在落实】纪律培训虽然必要，但是不能让纪律培训的具体措施干扰员工的私生活，更不能让员工对培训产生反感或抵触情绪，而应创造性地设立一些科目，提高趣味性。

13. 防微杜渐，把好“入口关”

防微杜渐，就是防患于未然。要做到防微杜渐首先就要把好“入口关”，这一关至关重要，只有招聘最好的员工才能带来最大的效益。微软公司项目主管莎侬·彼得斯说：“我们寻找那些有潜力的人才，因此在面试过程中我们将应聘人员置于一种真实的工作情景中。”

员工的综合素质是第一位的，不能片面地强调学历而忽视实践的能力。怎样把好“入口关”呢？

(1) 培训是必要的环节。在培训中公司的规章制度是第一课，要明确地告诉雇员，凡是违反制度的都不会姑息。

(2) 对试用期的员工要进行观察考核。在试用期内，不能在面试时检查出来的品行都能看出来，毕竟伪装有时间的限制。

(3) 试用期满后，要制定他们的工作责任、目标和任务标准。用文字的形式将这些规定下来，并制订日程表定期总结进度、查找问题。要确保你的员工能毫无疑问地完成任务，并达到你预期的效果。

【赢在落实】老板向员工提要求必须要具体准确，不可模棱两可。不要说“尽快”、“尽量”一类的话，一定要说出准确的日期，并交代具体的方法。

14. 必要时不妨“杀鸡给猴看”

一家公司为了规范员工的行为，制定了许多条例。为了考察制度的执行情况，老板亲自做了检查。在离下班还有十分钟的时候，老板经过食堂，忽然听见里面有工人在吆喝着。他心中猜想：一准是有人违反制度，躲到食堂来打牌了。他立即走了进去，刚推开门，那几个年轻的工人就飞快地逃跑了。

老板一个都没追上，他找来车间主任，宣布全部停工开会，一定要把那几个人找出来。很快主任就明确了是谁上班时间玩忽职守，老板先是教育全体职工，要严格地要求自己，遵守公司的纪律。紧接着，他就宣布开除打牌的那几名员工，并说明以后出现这样的事情，绝不会姑息。从那以后，公司再也没有出现过类似的情况。

【赢在落实】当一个组织陷入无序状态，主管的命令无法产生效果时，不妨针对整个组织进行“苏醒疗法”，即抓住典型严惩不贷。如果责备一个部门，就会让大家产生“法不责众”的心理，所以只有惩戒严重的违规者，才能给他们足够的心理压力。

15. 坚持“枪打出头鸟”

在员工管理中，运用“杀鸡儆猴”谋略，将有助于树立领导者的威严，增强对下属的控制力。然而“杀鸡儆猴”，也不能随便滥用。管理者必须根据公司的需要，选择最适当的时机和方法，在“枪打出头鸟”的时候，管理者要注意：

(1) 决不放过第一个以身试法的“鸟”。千里之堤毁于蚁穴，再严明的纪律也经不住一次又一次的违反。为了维护纪律的严肃性，管理者要及时地捕捉第一个以身试法的“鸟”，坚持从严处置的原则。若不及时处理第一个，则会后患无穷。

(2) 重点惩罚性质最恶劣的。违规的行为是多种多样的，也有严重、轻微之分。如果不分青红皂白，一律严惩，不仅会遭到员工的怨恨，不利于健康的上下级关系，还会因为打击面太宽，起不到应有的教育作用。管理者要找出性质最恶劣的，予以重点处罚，对其他的就适当地批评教育即可。

【赢在落实】 “枪打出头鸟”的策略是行之有效的方法，公司在整顿风气时，可以大胆地用这一招。

16. 按最高标准要求自己

韩国现代公司的人力资源部经理曾说："我们认为对员工最好的要求是，他们能够自己在心中为自己树立一个标准，而这个标准应该符合他们所能够做到的最好的状态，并引领他们达到完美的状态。"

作为公司的员工，要想成为最优秀的，就要对工作抱有没有最好、只有更好，追求完美的态度。唯有如此，才能把工作做得更好，有所突破和进步。

成功是每个人都追求的，要想成功，就必须明确自己的追求，并且要明确付出多少代价才能达到目标。为此，你要具体地设定目标，详细、周密地做出达到目标的行动计划，尽最大努力去做，并在没有实现目标之前就以目标的最高标准来要求自己。

【赢在落实】有一个优秀的管理者曾说："轻率和疏忽会让无数人的命运走向失败。"对员工来说，以最高的标准要求自己，在工作的时候，就意味着做到让客户百分百的满意，让客户感受到超值的服务。对管理者来说，这样的标准在实际工作中，一方面将造就优秀的员工，另一方面将造就成功的公司。

17. 拿“共同利益”说服人

公司的管理者都希望员工能够自觉地遵守公司的规章制度，和公司同舟共济共同发展。但是传统的思想教育模式不再有效，单纯的金钱奖励、物质刺激又不能长久维持。因此管理者要采取符合企业实际、员工乐于接受且效果较好的说服技巧。

最有效的办法就是把追求的目标同被说服对象个人的愿望、利益结合起来，即设身处地，从员工个人的利益、愿望出发，教育说服员工。

首先让员工明白“一荣俱荣，一损俱损”的道理，员工的个人利益和公司的整体利益是一致的，破坏了公司的制度也是在间接地损害自身的利益。其次，制度的约束。这种制度是应对奖惩措施而生的，员工违反了纪律之后，除了要接受直接的惩罚，还要承受违反制度带来的公司损失，这自然是员工不愿意的。

【赢在落实】老板在激励员工时，不要拿老套的大道理说事，而是应将注意力都集中在“共同利益”上。世界电脑软件巨头微软公司，除了老板比尔·盖茨成为世界首富外，企业内部百万富翁比比皆是，成为老板和员工齐心合力、共创辉煌、共同受益的典型。

【制度样板】

制造工序及设备表

单位：______

制表时间：____年____月____日

产品名称		产量		第 页

制造工序	使用设备名称	设备生产能量计算说明	合格率	每月计划生产数量	设备台数	每日工作数	工作负荷率	附属设备及工具

审核：　　　　　　　　　　制表：

第八辑

没有如果，只有结果，落实的关键是用结果说话

公司靠员工提供的结果生存，造就一个强大的公司，首先要营造注重结果的工作氛围！世上没有如果，只有结果，这是最真切、最有效的，确保制度落实到位，必须跟员工要“结果”。

1. 完成任务≠结果

人们普遍认为完成了任务就是完成了执行，事实上这是错误的，因为任务完成并不代表有结果。公司的管理者要懂得一个基本道理：对结果负责，就是对工作的价值负责，而对任务负责只是对工作的程序负责。因此，完成任务≠结果。

任何一家公司都会有三种人：第一种在接到公司给的任务后，就积极地想办法完成，认为只要完成了任务就是有了结果；第二种是除了完成公司给的任务之外，还会及时获取任务之外的信息并及时汇报给上级；而第三种才是真正将任务执行的人，他们不但会出色地完成任务，还会分析任务的目的，并对任务的价值进行评估。没有任何一个老板会拒绝第三种员工。

【赢在落实】有的员工常会抱怨工资太少，认为自己的工作没有得到真正的回报。事实上，一分耕耘一分收获。要清楚地知道收获比别人少的原因就在于没有执行到位。公司是以利益为先的，需要的不是过程而是结果。

2. 行动来自“结果心态”

心态创造行动，行动创造结果，这就是商业的心态。只有依靠结果，公司才能生存。美国施乐公司曾经辉煌一时，他们的静电复印技术让施乐公司成为复印机业的领军人物。

然而成也萧何败也萧何，施乐公司被成功冲昏了头脑，对市场的变化失去了警觉，传统的复印机已经被电脑等新型办公设备淘汰，然而施乐公司却没有新产品问世。反观佳能公司则在不断地努力研发新产品，随着数字化的到来保守的施乐公司最终破产。

为什么拥有强大技术后盾的美国施乐公司却输给了后起之秀佳能？原因就在于施乐公司在心态上先输了，他们一味地满足于既有的成绩，没有主动适应市场、把握市场的行动。而佳能公司可能没有领先的技术，但他们在心态上却先赢了，先假定客户价值是会变化的，就获得了把握市场的主动权，自然也就有了产品畅销、公司盈利的好结果。

【赢在落实】市场竞争激烈无比，如果企业给客户、给市场提供的“结果”是产品跟不上市场的需求，得不到客户的认可，那么任凭你曾是业界霸主，还是龙头老大，你的结局就是退出市场，退出舞台。

3. 不是想要，而是一定要结果

2000年，全球汽车市场一片萧条，日产尼桑公司也因此陷入了困境。公司高层请来了有“营救大师”之称的卡洛斯·戈恩，期待他能让公司起死回生。

在戈恩的就职演说中，他面对日产公司的股东和员工，面对众多的新闻媒体，做出了一个惊人的承诺——“180”计划：“1-8-0”这三个数字分别代表了日产将实现的三个目标：截至2004年财产，全球销售量增加100万台；运营利润率达到8%；汽车事业净债务为0。

戈恩坚定地告诉所有人：“我要实现这三个目标，如果任何一点没有做到，我就出局！在这三个目标前，我没有说一个‘假如’：假如有了支持、假如经济环境良好、假如日元汇率降低……这表明我已经决定，并已经承担责任，这是我们的承诺！”

戈恩说到做到，将日产扭亏为盈，业界为之震惊。很多人问戈恩成功的秘诀。戈恩回答说：人们喜欢结果，因为它简单明了，谁都可以去衡量。当我们给了对方一个结果承诺时，人们的态度就会积极起来，愿意给你一个机会。

【赢在落实】执行，不是考虑能不能成功，而是下定决心必须有结果。关键是建立必胜的信念和决心，坚决贯彻执行决策，尽最大力量获得决策时所要的结果。

4. 速度比完美更重要

“先下手为强，后下手遭殃”。商场上的斗智斗勇，关键就在于谁先出手，就可能决定胜负。一旦开始执行，速度是第一位的，完美是第二位的。

1998 年，惠普公司公布了一个数字，当年的增长率只有 3%，而在两年以前还是 30%。当时亚洲的金融危机与 PC 行业的价格战给很多公司带来了压力，但是为什么只有惠普的增长率下滑得如此之快？

惠普的 CEO 卡莉的回答是：惠普的问题出在惠普自己身上。惠普是通过强调品质卓越、强调尊重员工获得成功的，但在信息经济时代，这样的做法却牺牲了决策与行动的速度，在网络经济中失了先机，显得处处被动。

卡莉在惠普提出了著名的速度逻辑：先开枪，后瞄准！过去惠普的新产品，是要在各方面都要达到 95 分以上才推出，现在产品做到 80 分就推出，然后再求慢慢改进。

对于速度逻辑，卡莉有一个形象的比喻：滑水冲浪，要保持一个速度才站得起来。尽管我们很难精确抓住行经路线，但不能为了抓住路线而将速度放慢。在信息经济时代，公司要抓住速度，才能进入竞争的门槛。

【赢在落实】 仔细分析速度逻辑的背后，其实包含的就是这种“实践出真知”的道理：“发展中的问题，要在发展中才能解决。”

5. 解决问题要见实效

一家运输公司的统计人员向他的老板抱怨：“我有好几次在午餐的时候赶写统计表，几乎所有的时间都在接别人的电话，我自己的时间白白地贡献掉了不可惜，但是报表做不出来就会影响公司的业务啊！”老板听后，极力采取措施，安排了一个午休轮流值班表。

这种解决的办法，不能说错。但事实上老板可能没有明白员工抱怨的实质性问题。他应该与这个下属聊一聊为什么午休还在加班的问题。还要深层的想一想员工是不是还有别的诉求，譬如他在工作中有困难，一个人应付不来，而且还没有人帮助等等。

只有真正地了解到员工的诉求才能解决好实际的问题，而不是停留在问题的表面。成功的管理者都拥有宽容与沉着的内涵，对自己的下属多关心、多体谅，才能听到员工的真心话。

【赢在落实】管理者要摒弃传统的“问题与解答”的方式，要在意识方面有所改变。不能只关注问题的表面，这种解决问题的方式没有实效。

6. 认真第一，聪明第二

有一个精于建筑工艺的木匠，他建造了很多精美的木房子，被人们称为“小鲁班”。时间过得很快，“小鲁班”也老了，他告诉老板，他要退休回家。老板舍不得这个能工巧匠，希望他再帮忙建一座房子就让他离开。“小鲁班”心想：如果继续认真地建房子，估计老板不会让自己回家养老，于是在心里有了一个“聪明”的小主意。

房子建造的过程中，“小鲁班”的心思不在工作上，他用的是软料，出的是粗活。他懒洋洋地刨土，松散散地打桩，拖了很长时间才把房子给建好。房子建好后，“小鲁班”锁好了门窗，拿着钥匙交给老板。老板看着“小鲁班”疲惫的脸，拍拍他的肩膀，把钥匙又交还给了他。他语重心长地说：“你为我工作了一辈子，这座房子就当是送给你的礼物吧！”

“小鲁班”顿时目瞪口呆，他想到自己在建房子时马虎的态度，又羞愧又后悔。从此“小鲁班”一家人就在这幢粗制滥造的房子里住着，体验着自己的“小聪明”和“不认真”带来的漏雨和漏风。

【赢在落实】 小聪明、小脑筋会在关键时刻造成失误。有执行力的员工不会投机取巧，而是有一个坚定的信念：只有认认真真、踏踏实实地做事，才能换来成功。

7. 执行前的“决心原理”

如果不想做事，任何人都可以找到一百个、一千个理由来拒绝，但是当你想做一件事情时，就一定会执行到底。

乔伊·古拉德被誉为当代最伟大的销售员，他创造了一年之内推销出1425辆汽车的世界纪录，被记录在吉尼斯世界大全中。直至今日还无人能够超越他。

这位世界第一的推销员是这样解释他的成功的：“建立你的决心，不能再有‘以后再做’的想法，因为根本没有明天再做这回事。今天不是决定你明天做什么，而是决定你明天成为什么。不要错过今天，将一星期前、一个月前、一年前的害怕、懦怯、毁灭信心的思想从你心中除去，今天是你充满信心，永远摒弃害怕的日子，然后充满信心地行动！这就是支撑我每天走向成功的秘密。”

决心是金，成功必然眷顾领先一步的人。“决心产生信心”，乔伊·古拉德从一张桌子和一个电话本开始成为了最伟大的汽车推销员。

【赢在落实】 乔伊·古拉德的故事恰好印证了执行前的“决心原理”，想要让某一件事起到作用的关键就在于你想不想做。世上没有“如果”，只有“结果”。

8. 唯有行动才能出结果

有一个落魄的中年人，每天都沉浸在“中彩票”的白日梦之中而不去买彩票，他每隔两天都到教堂去祈祷，而他的祷告词几乎都一模一样。

第一天他跪在圣坛前虔诚的祷告：“上帝啊，请念在我多年来敬畏您的份上，请让我中一次彩票吧!”

几天后他又垂头丧气地来到教堂，继续祷告：“上帝啊，您为什么不让我中彩票，我会更谦卑的服从您!”

就这样周而复始，他重复着他的祈祷。有一天，上帝终于有了回应：“我一直在聆听你的祷告，可是最起码你也应该先去买一张彩票吧?”

这个故事告诉我们一个重要的“结果原理”，公司的发展也是如此，有结果才能生存。那么结果从哪里来？结果从行动开始，唯有行动才能有结果。

【赢在落实】管理者要深知：执行能力，永远只能从行动中获得。执行最基本、最本质的东西，就是想要结果，首先要行动。如果没有行动，上帝也帮不了你。

9. 和风细雨也能解决问题

某公司的老板，精明能干，下属更是智勇双全。但是不久前，他的一名助手调离到别处，接任的是一个刚毕业的大学生。这个大学生，没有经验，做事也马马虎虎，连办公桌上的文件都收拾不好，老板批评了他多次，但是没有效果，他仍然我行我素。

于是老板决定改变一下策略，他开始细心观察新助手的优点，然后就大加赞赏，而对于缺点却闭口不提了。这个方法果然起到了效果，新助手慢慢养成了做事有条不紊的习惯，不再马马虎虎。一个月之后，他的工作就让老板满意了。

这位老板改变了方式，不再批评惩罚而是夸赞优点，温和有礼。估量好了对方的心态，不费力气地就能让对方按自己的意愿办事。因此教育员工不一定要恶语相向，只要结果是好的，和风细雨也能解决问题。

【赢在落实】改变一个事物的方法有多种，角度也不同，当一个角度不能奏效时，就应该考虑改变角度，寻找一个合适的方式。

10. 锁定目标，专注重复

法国的大文豪莫泊桑刚开始写小说时，他的老师对他讲："你不要跟我学什么技巧，你应该去大街上坐着，然后看着驾着马车的车夫，专心地盯住一位。如果你能把车夫写得和其他人不一样，那你的写作就过关了。"

于是莫泊桑每天都在大街上盯着某一个车夫不动，每天描述的词语也不相同，慢慢地终于领悟到了写作的精髓，成为影响法国甚至全世界的文豪。而莫泊桑创造奇迹的原因特别简单，就是锁定目标之后，专注地一遍遍地重复。

与莫泊桑的成功类似，每一项科学技术的发明创造都是在不断的重复之下完成的，我们享受到的科技成果都接受了无数次的试验。

【赢在落实】为什么伟大的成果却是通过这样简单的方式产生的？其实就是专注造就成功。管理者要想将制度落到实处，也要有这种专注的精神。

11. 不要盲目追求完美

一个欧洲贵族拥有一张出色的弓，用这张弓射箭又远又准，他非常骄傲。但是他觉得这张弓看起来十分笨重，心想若是再有一些图画就好了。于是就请人在弓上雕刻了一幅行猎图。完成之后，他认为这张弓完美了。然而当他欣喜地拉弓时，弓却“咔”的一声断了。

这就是盲目追求完美的结果，为了追求百分之百而放弃了关键的百分之一，最后只得到0。很多管理者都曾遇到过这样的人：“我们不能让顾客百分之百满意，所以干脆咱们不做了。”事实上，给顾客服务不可能做到让他百分百满意。虽然如此，公司却可以更加努力让顾客更满意一点儿。

无数的实践告诉管理者：如果总是追求完美，多半得到的会是一个完美的借口。盲目追求完美，可能会导致你关注100的量而忽略了0.1的质。

【赢在落实】 完美是执行的陷阱。经营一家公司，不可能一下就做到世界500强，但却可以以小见大，积少成多。

12. 注重结果，忽视理由

“结果”意识是经营公司一个重要的处世态度。没有结果，所有的理由都没有价值。因为执行的目的就是为了结果。

二战时期，有一队美国士兵要派到德国做间谍，但是这些美国士兵连德语都不会讲。长官严肃地告诉他们：“一个月的时间内，你们必须全部学会德语，一个月后就出发，不论你们有没有学会，都要去。”士兵们在一个月里日夜苦学，到出发时，几乎每个人都能讲一口地道的德语，连口音语调都一样。

为什么美国士兵学习德语这样神速？因为他们都知道如果德语没有学好，在他们到达德国的第一天就会被识破，其后的命运就是死亡，那时候连说理由的机会都没有。

【赢在落实】 结果第一，理由第二，执行的本质就在于抓住结果，实现预期结果，没有结果一切理由都不存在。在执行公司制度时，管理者要有“结果”意识，注重结果，不要让自己有失败的理由。

13. 重点永远只能有一个

很多管理者都有这样的感触：当你什么都想做时，反而结果是什么都做不好。与其这样，还不如干脆只做一件事，慢慢地累积力量，总有一天会聚沙成塔。

我们和比尔·盖茨的差距除了财富之外，更多的是勇气和执着。所谓无志者常立志，有志者立长志。有的公司一味地追求多样化经营，只注重量的生产而忽略质的提高，反而一事无成。落实制度也是如此，什么问题都想一手抓住同时治理是不可能的。凡事都要有循序渐进的过程。

重点就是每一段时间只围绕一个主题。事物都是相互关联的，先解决最紧迫、最重要的，其他的自然迎刃而解。如果一开始就满手抓，可能什么都抓不到。

【赢在落实】管理者要牢记“结果”原理，公司是依靠结果生存的，满手抓的做法得不到结果。制度的落实要先从重点开始，才能落实到位。

14. 结果提前，自我退后

摩托罗拉曾经是手机市场的领头公司，但是后来却被诺基亚抢走了“老大”的位置，原因就是以技术为中心的工程师自我导向让公司陷入了困境。

1997年，摩托罗拉公司将铱星系统投入商业运营，在此期间全球有几十家公司参与了铱星计划的实施，可以说铱星计划从初期的确立、运筹和实施都是非常成功的。

但是在1998年正式投入使用时，诺基亚的GSM手机已经完全占领了市场。因此，铱星系统无法形成稳定的客户群，从而导致铱星公司亏损巨大。铱星公司不得不申请破产保护，在回天无力的情况下，只好宣布终止铱星服务。2000年3月18日，铱星背负40多亿美元债务正式破产。

铱星的失败，就是典型的工程师文化的失败。在摩托罗拉研究铱星系统时，诺基亚却在手机的个性化应用上下功夫，推出了内置天线的手机，先一步占领了手机市场。

【赢在落实】 摩托罗拉的失败是因为工程师文化的自我倾向导致的，而诺基亚的崛起是因为它真正做到了“消费者是上帝”。老板要明白以人为本，不是以自己为本而是以消费者为本的道理，要获得客户价值，就要“结果提前，自我退后”。

15. 信息反馈一定要及时

在信息经济时代，信息充满了商机。现代条件下信息量大、内容广，拥有信息量的多少、收集信息速度的快慢、对信息有效利用的程度，决定了公司解决问题的水平和能力。那么，在收集传递信息时，我们要注意哪些细节呢？

(1) 明确自己的工作职责。

明确自己在组织架构中的工作职责，应该做什么？对谁负责？要对自己的责任有个清醒的认识。

(2) 收集信息要全面。

收集信息不仅是解决问题的一个步骤，而且有时起到极为关键的作用。

(3) 学会对信息进行筛选。

收集的信息会出现没有价值甚至是虚假的信息，对这些信息加以鉴别筛选是十分重要的。

(4) 确定需要实时传递的信息。

管理者应确定哪些信息需要更快速、更灵活的传递，并确定相应的时间安排。

(5) 从收集信息中发掘出新的信息。

信息收集的过程，同时也是开拓思路、激发创造力的过程。想激发创意灵感，就是对已经掌握的各种信息进行排列、比较、联想等。

【赢在落实】一个公司如果信息传递不及时，轻则导致工作效率低下；重则导致员工慢慢失去责任感，可能会对公司造成致命的伤害。对于十倍速的竞争时代，老板要懂得“快鱼吃慢鱼”的道理。

16. 对个性强的人因势利导

“要我好好工作，那就需要有一个能够表现个性的工作环境。”不少员工存在这种想法。有一个能表现个性的工作环境，那做起事来也驾轻就熟。但是，公司在客观上的要求是遵守纪律，工作标准化。因此若某个员工的个性过于突出，就容易惹人生厌。

遇到个性很强、颇难驾驭的员工，管理者不要以势压人，而应该避其锋芒，因势利导，选择最适当的时机，从他精神上最薄弱的地方征服他。

现在已经是一个注意个性表现的时代，公司的发展需要思维活跃的员工，但是公司又要求员工遵守纪律、落实制度。无法否认的是，公司的要求与领导的态度常有矛盾之处。

【赢在落实】老板在职前培训时就应该注意发现员工的个性。发现个性的方法很多，最简单的方法就是将其与他人作比较。人的个性可以因环境的不同而改变，尤其是对不成熟的年轻人来说，你可以尽量对他们多些“关照”。

17. 让个性创造出价值

个性的员工能够为公司带来更多的利益，但是应该怎样引导他们创造价值呢？

(1) 使其从事可表现其个性的工作。让员工做表现个性的工作，工作表现必定极为良好，就算个性强，也不用顾虑人际关系。

(2) 要有方向性的指导。管理者不能只说类似“这么做不行”等否定的命令口吻，应该说“你该这么做、那么做”，给他一些方向性的指导。

(3) 要彼此沟通意见。老板要与员工沟通，如果意见不能沟通，就无法表现个性。

(4) 给予能培养创造性的环境。务必要动员全体员工的智慧，发挥他们的创造力，让他们有自由发表意见的机会。

(5) 尊重少数意见。有些少数意见在日后可能受到多数拥护，所以对少数意见也不能忽略。

(6) 规律过于严格会使个性萎缩。虽然个性必须遵守制度，但如果制度太死板，就会使个性萎缩了。

【赢在落实】 管理者要知道，上面各项方法是训练、指导个性所必要的重要条件，但是不能急于求成，要循序渐进。

【制度样板】

产品出厂检验表

_____年_____月_____日　　　　编号：_____

产品名称						数量				
客户名称						品级				
产品质量检验						产品质量保证				
检验项目	日期	检验员	进量	出量	不良数	项目	日期	质检员	抽样数	合格与否
备注										

审核：　　　　　　　　　　　　检验员：

第九辑

打赢制度落实宣传战，别让制度躺在老板的办公室里

公司的各种规章制度不能成为摆设，为了发挥制度的效力，首先要让每一位员工感受到制度的真实存在。为此，必须打赢制度落实宣传战，让大家对制度看在眼里、放在心上，最终落实到工作中去。

1. 落实制度的第一步是广泛宣传

任何一项制度制定出来，并不是将手册发给员工就结束了。员工对制度理解和认同是关系到制度落实与否、落实好坏的关键。因此落实制度的第一步就是广泛的宣传。

制度的推行，不能“霸王硬上弓”，要给员工了解与学习的过程，让他们认识到，新制度的推行将会为大家带来的意义。

公司的制度应通过适当的、正式的和顺畅的信息渠道发布。制度制定者应提出这样的问题：“我们所说的，他们能够听得见吗？能够听得全面吗？能够‘原汁原味’地理解，并将其记住吗？”在对制度进行宣传时，公司应该特别注意信息渠道的可选择性，以避免过多无关信息而使接受对象产生选择疲劳。

另外，还应建立定期的制度“应知应会”考核，强化制度落实者对制度内容的记忆。这是老板应该常抓不懈的工作。

【赢在落实】 制度定好了，就要让大家知道，尤其是对新来的员工，老板更要派人做好宣传工作，让他们有规矩可循。

2. 把规章“刻”在意识里

苹果电脑公司创始人史蒂夫·乔布斯说：“一旦你有了孩子，就会自然而然地意识到每个人都是父母所生，应该有人像爱自己的孩子那样爱他们，这听起来并不深奥，但是许多人忽略了这一点。”

很多公司虽然把员工手册都发下去了，但是能把工作制度说上三五条的人寥寥无几。管理者每次例会都要陈词老调的重复制度，而员工们依然敷衍搪塞，没有任何起色。面对这种混乱的局面，最好的处理办法就是从小处入手，培养员工的“规章”意识。

员工对制度的不重视，间接地说明了他们的工作态度，从小见大，管理者从日常的小事入手就能够发现员工的内心和修养。此外，培养员工休养的同时灌输制度、纪律的意识。

【赢在落实】诚如乔布斯所说，只有把意识培养好，才能更好地落实制度。从细小之处重视员工良好工作习惯的培养，这是贯彻规章制度的必经之路，也是进一步管理好员工的关键。

3. 浇树浇根，管人管心

俗话说："浇树要浇根，带人要带心。"老板必须摸清下属的内心愿望和需求，并予以适当的满足，才可能让员工死心塌地追随你。通常这些愿望和需求是：

⑴ 干同样的活儿，拿同样的钱。

⑵ 被看成是一个"人物"。

⑶ 步步高升的机会。

⑷ 在舒适的地方从事有趣的工作。

不同的下属对这些需要和愿望的侧重有所不同。作为管理者，应该认识到这些个人需要，认识到下属对这类需要有不同的侧重点。可能对这位下属来说，他看重的是晋升的机会，而对另一位来说，工作环境和条件可能是第一重要的。

对老板来说，留住人心才能赢得未来。只有员工从内心深处对你的管理感到钦佩，他才能心甘情愿地为你卖力，并贡献自己的全部能量。

【赢在落实】 日本麦当劳汉堡庄的创始人藤田田说："为员工多花一点钱进行感情投资，绝对值得。"管人要抓住要点，抓住员工的心，这样才能事半功倍！

4. 让态度不佳的员工上道

管理者要做到让态度不佳的员工也具备执行力，应该从三个方面入手：

(1) 要以身作则，遵守公司的各项制度，起到表率作用。管理者不能有“我是领导就可以随便做”的想法，这样才能获得员工的信服。

(2) 明确下属的工作目标。管理者在布置任务时，一定要明确指出所期望达到的结果和所期望完成的时间，并与下属验证大家的理解是否一致。这样执行力才有可能实现，否则，下属对执行的内容和你的理解都不同，自然就会引起你的不满。

(3) 督促下属制订工作计划。要记住，工作计划的制订应该是由你的下属来完成的，而不是管理者帮助下属来制订的。

【赢在落实】 公司是一个整体，只有劲儿往一处使，才能向前发展。倘若有少部分态度不佳的员工扰乱了公司的整个氛围，就会给公司的形象带来损失。作为公司的管理者，要对态度不佳的员工进行系统化管理，让这些员工走上工作的正轨。

5. 如何说员工才愿意听

管理者所说话的含金量不在于和员工说了多少，而在于说了什么。那么，管理者要怎样与员工对话，员工才乐意听呢？管理者要进行怎样的思考呢？

(1) 管理者打算在这一情境中说什么？

(2) 这一信息应该告诉给谁？多少人将会受其影响？

(3) 在传达信息时，管理者是否拥有可靠的事实？

(4) 如何最好的表述信息使听者能够理解？

(5) 员工会在第一次就获得信息吗？信息是否需要重复？

(6) 当管理者说出某个问题时，听者可能作出什么样的反应？听取他们不同的意见。

(7) 为了得到你希望得到的反应，需要对信息进行“包装”吗？

(8) 在下达指示时，是否还需要当场示范？为了进行这种示范需要做些什么工作？由谁来进行示范？

(9) 接受指示的人需要时间进行练习吗？需要多长时间？

【赢在落实】 作为老板，不仅要思考自己打算说什么，还要考虑员工会如何获得和理解信息，甚至还要想到接受者可能作出的反应，只有这样才能换来有意义的沟通。

6. 实施制度的注意事项

对管理者来说，在规章制度的建立和实施中必须注意以下几点：

（1）明晰制度的设计思路。按做什么、谁来做、怎样做、做的标准、做错做对谁来管这一顺序进行管理，把责任具体落实到每一个员工头上。

（2）制定管理标准。制定标准的重点是在流程设计和接口分析的基础上制定各类管理标准。

（3）将经常性的工作标准化。制定一个系统的管理标准，这样有利于处理领导与下属、企业与能人、能人与客户之间的关系。一般而言，管理标准主要包括业务标准、工作标准和作业标准。

（4）保证规章制度的实际意义和全面性。制定管理能人的规范是为了更有效地理顺企业内部关系，促进企业的长远发展。

【赢在落实】老板制定标准要注意三点：是否所有的接口（业务衔接点）都反映在标准中了；是否都将以往工作中出现的矛盾、扯皮等问题及解决的办法纳入了标准；每个部门和岗位做什么和怎样做的问题是否都在标准中明确了。

7. 不怕职务低，就怕觉悟低

任何一个优秀的员工都不在于职位的高低，而是与个人的觉悟联系在一起。因此，管理者不能带着“有色眼镜”看员工，要更注重员工的觉悟。

（1）态度比能力更重要。

一个人的成功需要1%的天赋和99%的努力。如果没有良好的态度，再好的天赋也无济于事。所以，公司用人，就要用有良好工作态度的人。

（2）不用轻视自己工作的员工。

试想一下，如果他在自己如此平凡的职位上都不重视自己的工作，都不努力工作，如果将他提到更重要的职位，他又怎么能胜任呢?

（3）重用自动自发的员工。

有独立思考能力的员工，他们往往能发挥创意，创造效益，还能给管理者提供可行的方案意见，对于这样的员工一定要给予重用。

【赢在落实】 对公司来说，员工良好的工作态度是公司顺利发展的保证。如果所有员工都能树立正确的工作态度，都能全身心地投入到工作中去，那么公司将会有广阔的发展前景。

8. 发挥榜样的引导作用

员工在岗位上取得成就以后，要把他的成功故事整理出来，宣传他的事迹，从而让员工产生责任感。

⑴让员工讲述自己的成功故事。

管理者需要拿放大镜去看员工的事迹，只有讲员工的故事，对员工才有更大的激励。

⑵举行隆重的奖励仪式。

对于那些业绩突出的员工，公司应该给他们举行隆重的奖励仪式，让员工更有责任意识。

⑶利用宣传栏、录像的形式宣传。

对于典型的优秀员工，公司要大力宣传，可以在公司的重要位置设置宣传栏，让更多的员工看到，引发员工对公司的感恩。

优秀员工是大家学习的榜样。员工所在的部门，也会产生荣誉感，进而产生更大的责任感。

【赢在落实】树立典型，是团队管理的法宝。从普通员工中间发现榜样，并大力宣传推广，能对广大员工产生震撼，并潜移默化地引导大家做好自己，对岗位工作尽到自己的职责。

9. 让员工自觉遵守规章制度

制度的执行主要依靠员工，让员工自觉遵守规章制度才是行之有效的方法。那么管理者如何培养员工的自觉意识呢？

(1) 制度先行，文化无形约束。

公司需要有共同的价值观和行为规范。一个优秀的公司必须打造自己的公司文化，发挥公司文化塑造价值和传递价值的双重作用，能够深入员工内心，使员工紧密团结、荣辱与共。

(2) 意愿引导，管理以人为本。

若想建立一个好的公司，必定要“先小人后君子”，一个公司的成长就是从讲制度、讲规则开始的，但与此同时要相信员工是能够建立自我约束能力的。

(3) 建立忠诚度，灌输团队意识。

管理者要处理好共性与个性的关系，让一些与共性无碍的个性健康发展，同时采用注重正确引导、提倡相互兼容等方式，使个性与共性协调发展。

【赢在落实】员工的成长就是公司的成长，老板管理好自我，作为榜样，员工自然会拥护和效仿，人人遵守章法，不断追求卓越。

10. 崇尚遵守制度的荣誉观

荣誉和责任是相互关联的。用荣誉感来自觉地规范和约束自己的行为，比规章制度更有效果。

(1) 个人的责任与荣誉。

员工首先要明白工作岗位的责任就是荣誉，服从领导、坚持原则、认真履行岗位职责是每一名合格劳动者必须具备的基本条件。

(2) 团队的责任与荣誉。

团队的成就能给成员带来荣誉感。同时，荣誉感又形成了强烈的责任感，促使员工用实际行动去维护团队的荣誉和尊严。

(3) 公司的责任与荣誉。

公司获得荣誉是员工自豪的事情，而公司的形象和荣誉，需要员工自觉自愿地去维护，这就是责任。

一个没有荣誉感的企业是没有希望的企业，一名没有荣誉感的员工也不会成为一名优秀的员工。每一个企业都应该对自己的员工进行荣誉感的培养，每一名员工都应该唤起心中对企业的荣誉感。

【赢在落实】 老板要注重培养员工的荣誉感，因为有没有荣誉感，荣誉感的大小，对工作的执行和结果是具有决定性作用的。

11. 有效的落实从沟通开始

制度是死的，沟通是活的。没有有效的沟通，再宏伟的蓝图也无法得到实现。没有有效的沟通，制度必然是空中楼阁，无法产生作用和效益。

对于公司而言，管理者和员工之间沟通的重要性是显而易见的。公司制度的落实等各项活动都必须依靠沟通。沟通是明确职责的灯塔，员工在岗位上做得好不好、对不对，必须倾听来自管理者的意见。管理者肯定什么、批评什么，都会对员工产生实际的影响，进而帮助他们明确职责所在。

老板对员工的激励，最后一定要达成一个共同的意见，引发员工的共鸣，这样就有利于员工下次做得更好、更到位，更好地负责到底。良好的沟通能够让员工坚定信心，以更出色的业绩回应自己的工作。

【赢在落实】加强公司内部的沟通，既可以使管理层工作更加轻松，也可以使制度更加有效地落实，使普通员工大幅度提高工作绩效，同时还可以增强企业的凝聚力和竞争力。

12. 树立坚决贯彻的理念

执行力是优秀公司在商业竞争中的制胜法宝。所谓公司在发展中的差距，其实就是从执行力的差距上开始的。任何一个公司，要想在行业里做到长盛不衰，保持优秀的状态，就要做到以下几点：

(1) 要立足长远、统筹兼顾，树立正确的系统观念。

(2) 要与时俱进、追求卓越，树立正确的竞争观念。

(3) 要明确目标、把握中心，树立正确的效益观念。

(4) 要强化执行、讲求时效，树立正确的效率观念。

(5) 要主动治理、齐抓共管，树立正确的环保观念。

(6) 要依法治企、按章办事，树立正确的法制观念。

(7) 要关注民生、注重人的发展，树立正确的人本观念。

【赢在落实】 当代的公司管理者都热衷于学习和宣传最新的管理技巧，但是由于对执行力缺乏真正的理解和实践，这些理论和技巧很可能停留在纸上谈兵阶段。要想让公司稳定发展，就要树立坚决贯彻的理念，将想法付诸于实践。

13. 让员工知道你的期望

老板的期望对员工的积极程度有很重要的影响。员工需要知道老板的意图，以及对他们的期望值。

期望包括明确工作的目标和目的。老板最重要的期望就是完成的结果。一个出色的老板，会期望他的员工自己来决定完成工作目标的最佳方式。期望并不单纯地指完成重大工作目标，它蕴含在日常的工作之中。

比如，老板期望员工准时上下班；开会准时到场；期望员工回复电话、回复信函，并信守诺言等。这样的期望没必要都写下来，那样就会成官僚程序。但每个人的脑子里必须清晰地了解这些期望。如果不澄清，标准就会被侵蚀，就会出现无组织的混乱状况。

明确的期望会提高自己的信任度，并受到员工的尊敬。老板可以假设一个高的标准，当员工们没有达到这个标准时，就可以给出有建设性的建议，他们很快就会明白你期望他们怎样做。

【赢在落实】老板们必须明确期望的重要性。没有明确的期望，员工们就会不理解工作中努力的方向，就会没有确定感，没有前进，就是后退。

14. 打造按制度办事的企业文化

企业文化是一套价值观、假设、理解和思考方法。只有员工的价值观与公司的价值观一致时，大家才能从根本上树立起责任意识。那么，作为公司价值观的核心理念，企业文化是如何影响员工责任意识的呢？概括起来，包括下面三点：

(1) 企业文化帮助员工在制度层面承担起责任。

员工深刻理解了企业文化，在价值层面与公司获得认同，那么他们就更容易理解、接受公司制度，并在实际工作中遵守这些制度，负起自己的职责。

(2) 企业文化对个体行为起到了灯塔的作用。

每个员工都有自己的"个性"。在处理"个性"与"共性"的冲突时，企业文化就起到了灯塔的作用，成为整个团队行动的指南。

(3) 企业文化让员工在内心产生认同。

打造员工责任感的最高层次，就是让他们在企业文化这个层面上产生价值认同。

【赢在落实】 业文化是公司公认的核心价值观。员工对企业文化产生心理认同，就会以此为准则，做好工作。因此，培养员工责任感，必须从核心价值观入手。

【制度样板】

考勤制度

第一条 每日正常工作时间是 8 小时，每周正常工作时间是 5 天，超出正常工作时间，按加班计算。

第二条 因工作需要，可弹性安排工作时间，但必须提前 3 天通知员工。并且，弹性安排正常工作的时间每天不得超过 8 小时，每周不得超过 5 天。如超出正常工作时间，则按加班计算。

第三条 公司因业务或工作需要延长工作时间的，需与工会协商并事先取得员工的同意，如员工不愿加班，不得勉强。延长工作时间不能超过《劳动法》41 条对加班小时的限制。

第四条 员工在休息日加班工作，公司需依法支付加班费。公司需确保员工连续工作 7 日无休的次数，每年不超过 16 次。

第五条 员工每日上下班应按照规定时间打卡，以作出勤记录及当月核薪考绩凭据。

第六条 员工在工作时间内离开工作岗位的，须有相关部门主管签名批准，并要填写相关证明，交给办公室负责人保管。

第十辑

员工只做老板即将检查的事，没有监督就没有落实

员工十分重视老板一直强调和即将检查的东西。因此，制度颁布下去，管理者要做好监督、检查工作，防止公司的规定失去约束力，避免不了了之。事实上，制度检查不仅是落实制度的需要，也是管理者发现问题和修正错误的机会。

1. 学会监督和检查

在公司的管理过程中，不去跟踪监督落实情况就等于没有建立制度。因为人都是有一定的惰性的。当一段时间身边缺少监督的时候，或多或少都会有所懈怠。

如果所有人都素质很高、自觉性很强、主动完成本职工作，那制度就完全没有制定的必要了，监督和检查是有效落实的保障，监督的目的是为了保证制度的有效实施，同时对制度本身或落实过程中可能存在的不完善之处进行监督，提出改进意见。

所有具有落实力的公司都会去监督所制定制度的落实情况。加强对制度落实的监督，包括两个方面的内容：

(1) 对管理者的监督，主要从是否忠于职守、是否徇私舞弊、是否滥用职权、落实态度是否主动积极等方面入手。

(2) 对被管理者的监督，主要是监督被管理者是否严格遵守相关制度。这种监督主要是间接的监督，是通过监督被管理人的行为来检验制度落实的力度。

【赢在落实】 老板要加强对公司制度执行的监督和检查，并对违反制度的行为按照制度规范进行合理惩罚，通过强制性手段迫使员工按照制度的要求去做。

2. 认真检查落实的情况

工作中总会有些下属对制度规定的工作拖拖拉拉，如果管理者不对落实情况进行检查，势必会影响制度落实的效果。有人做过这样的试验：

公司规定车间员工每天对几台设备进行点检并填写相应表单，然后主管每天都去检查并签字审核，偶尔有个别员工没有记录，立即通知改进，连续一个月，都做得很好。

第二个月，主管还是每天检查，但不再签字审核，发现没有记录的也不通知，到月底，大部分的人没有按要求做好。

第三个月，到月底的时候，没有一个能够按要求每天点检并记录的。

没有人会十分在意没人去检查的制度，这就造成它的可有可无性，因此也没有人去遵守了。不检查、不督促，就难以保证有效地落实。跟踪检查应该成为管理者日常性的工作内容之一。

【赢在落实】检查是一堵“防火墙”，检查的过程既是制度落实的过程，也是揭露问题和修正错误的过程。对于检查中披露出来的问题，能当场纠正的决不留在日后去处理；如果复杂问题管理者不能解决的，应立即督促有关部门抓紧处理。

3. 成为主抓落实的“检查官”

主抓落实的“检查官”，就是说管理者要经常到工作现场看看，检查相关人员是否按照公司的制度和流程去工作，制度有没有得到很好的落实。这也是人们常说的“走动式管理”。

当年，美国著名零售企业沃尔玛在深圳开了四家分店，美国总部的培训人员来到以后，首先让人把办公室的门全拆了下来，然后又把办公桌搬走，目的很明确：让管理者一定要到商场内走动。走动式管理具体说有以下几个优点：

(1) 便于收集信息。走动式管理要求管理者亲临现场，亲自观察。这样有利于发现问题，制定出更符合实际的制度。

(2) 便于沟通。走动式管理能搭起沟通桥梁，管理者能够到达第一线，与员工见面、交谈，从而找到制度不落实的真正原因，然后对症下药。

(3) 便于协调。管理者每天马不停蹄地到现场走动，能形成互相监督、互相制约机制，确保制度落实不走样、不打折扣。

【赢在落实】 管理者成为主抓落实的“检查官”后，就能切实解决上下脱节问题、制度落实问题。这不需要太多的资金和技术，就可以提高公司制度落实的力度，提高经营管理水平。

4. 把检查的作用发挥透彻

很多人都明白这样一个道理：检查出落实力。工作中只有把检和查的作用发挥透彻，才能使制度落实到位。

(1) 要把检查的作用发挥透彻，事先要有准备。就是对所要检查的工作，在总形势上有一个基本的了解，在制度上比较熟悉，以便更有针对性地进行检查。

(2) 要把检查的作用发挥透彻，关键要真检查。只有不走过场的检查，才能使制度落到实处，措施得以贯彻，落实力得到增强。

(3) 要把检查的作用发挥透彻，重要的是要及时地发现问题，弥补不足，纠正错误。通过检查，发现制度与决策需要改进和提高的地方，从而使制度和决策更加符合客观实际，更加具有可操作性。

【赢在落实】 检查不是个理论问题，而是个实践问题。只有把检查的作用发挥到淋漓尽致，许多事情才可以收到事半功倍之效。这样，制度的落实才能切实实现，继而使公司的落实力日渐增强。

5. 严防落实“死角”

某公司的财务室被盗了，门被人撬开，而且保险柜里的20万现金被席卷一空。这20万正好是急用的购料首付款，老板非常着急，报了警之后，又赶紧联系银行支取款项。

老板百思不得其解，这个保险柜是最先进的，柜子上配有报警、电击和密码装置，怎么能这么简单地就被盗了呢？警察给的答案让他瞠目结舌，密码太简单，报警、电击都没开着。

原来，财务处使用保险柜的出纳是一个“马虎精”。虽然公司对于财务室的保卫制定了一整套的规章和制度，但是这位出纳却视而不见。由于保险柜的使用太复杂，他怕电击就不接电源，怕忘记了密码，就直接按数字的大小顺序编了1–6的号码，又怕丢了钥匙，干脆就把钥匙放在办公室里。结果小偷从他的抽屉里找到钥匙，然后看看说明书不费吹灰之力就把保险柜打开了，拿走了柜子里的现金。

财务室被盗就是因为没有将制度落实到“死角”造成的。出纳没有按照制度办事，归根结底还是因为制度落实得不到位。

【赢在落实】鸿海集团总裁郭台铭说：“所谓执行力，就是速度、准度、精度、深度、广度的全面贯彻。执行力说穿了，就是看你有没有决心。”制度落实必须照顾全局，把握细节，才能做到精准执行。

6. 像跟屁虫一样督促

对公司来说，光有好的制度和管理方法还不行，还要把事情落实到底，在这里“督促和跟进”就起着至关重要的作用。很多管理者经常认为在落实过程中，自己只需负责指导或决策安排，而忽视了推动落实，这是不对的。作为管理者，必须像跟屁虫一样督促和跟进，密切关注落实的情况。

管理者在进行督促和跟进时，可以采取以下几种方法：

(1) 亲临现场法。当一套制度公布之后，管理者不要等待报告或者汇报，而要亲自视察，只有这样才能发现问题，解决问题。

(2) 电话跟进法。电话跟进的触角可以延伸到公司的每一个角落，管理者可以充分利用电话，把跟进进行到底。

(3) “及时贴”监控法。把要及时得到结果的事情写成“及时贴”，贴在最显眼的位置，看到了就去过问和了解落实进程。

【赢在落实】督促和跟进，既是制度落实的过程，也是发现问题、解决问题的过程。无论遇到什么问题，能够当场解决的就应该立即解决；即使遇到复杂的问题难以当场解决，也应该尽快解决，避免拖延。

7. 合理合法地用好电子监控

电子监控系统是“第三只眼”，在办公室安装电子监控系统，对员工的行为监控，也是确保各种规章制度落实到位的一条可行的思路。但是，如果过分地热衷于采取这些方式对员工监督，也可能会事与愿违，甚至引官司上身。那么，要怎样合理合法地运用电子监控呢?

(1) 事先征得同意。

事先征得被监督人的同意，双方可以将同意的内容写入合同，或是当事人暗示接受监督。

(2) 出于商业原因进行监控。

法律规定，企业出于正常的商业目的，不必经过员工的同意，可以监督甚至对员工的电话进行录音，其所使用的监督装置必须是法律允许范围内的。

(3) 给出通告，获得员工同意。

如果你的监督行为获得了员工的同意，那么它将总是合法的。所以你应该在雇佣新员工时或开始进行监督行为以前，与员工签订这样的一份协议。

【赢在落实】 对于使用电子监控设备，管理者可以用一个折中的方法，即在给与员工正常监督的同时对他们进行教育。

8. 建立畅通的落实反馈渠道

反馈就是帮助员工监控工作进展的信息。管理者不要把年度工作评定与反馈混为一谈。反馈可以分为以下四种类型：

(1) 日常型反馈。

通过日常型反馈，老板不仅能及时纠正落实中出现的问题，向员工提供帮助，还能鼓励好的表现。

(2) 培养型反馈。

新员工和正在学习新技能、新规则的员工情况需要大量反馈。因此，应经常开会讨论他们的情况。

(3) 批评型反馈。

批评时要说明落实中问题的来龙去脉，提出自己的看法，并且寻找改进的办法。务必有证据支持你的看法。

(4) 集体型反馈。

反馈有时需要针对整个团队。当落实得富有成效时，应利用反馈会议发掘成功经验，并在今后运用好的经验。落实得不好时，通过反馈，则可以总结教训，以便日后加以改正。

【赢在落实】 *汤姆·彼得斯创造了"巡视管理"这个方法，他建议管理者到工作现场走动，员工就能及时地将问题反馈给你。如果不能做巡视，那就利用电话或电子信函，询问工作情况，给予帮助和鼓励。*

9. 作出正面、清晰的回复

管理者绝不可以在面对员工的抱怨时漠然视之，而是要作出正面、清晰的回复。员工对公司有不满或是利益摩擦时，管理者要正面应对，倾听抱怨并解决问题。

⑴ 查明原因。如果员工对公司的制度有抱怨，可能是因为在同行业中公司的要求过于严格，有不合理的地方。管理者要倾听员工的抱怨然后找出原因。

⑵ 正式公布。对于员工的抱怨，在处理时，公司要形成一个正式的决议，然后向员工公布，合情合理地解释清楚理由，并且要有安抚员工的相关措施，作出改善。一定要立刻行动，不要拖延。

⑶ 门户开放政策。这是高层管理人员的一种有效解决问题的方法，即宣布他们的门户随时敞开，欢迎员工提意见，他们会全力解决。

【赢在落实】清晰正面的回复可以使员工随时意识到自己的利益不受侵犯，能使员工自觉地遵守公司制度，并且更努力地工作。老板要多花点时间听听员工的抱怨，对公司有益无害。

10. 发挥“工作分析”的考核功效

工作分析，就是通过一个系统的正式的程序来研究一个工作，获得有关组织中的每一个独特角色的重要的和相关的信息的过程。公司在进行工作分析之前，有一些准备工作是必须要做的，主要有两点：

（1）搜集工作信息。

工作信息的来源分主要来源和次要来源两种。主要来源大都是通过与员工间的沟通取得的，而次要来源基本是从企业的一些政策、法规、文件等途径获得的。

（2）工作分析的沟通。

在工作分析实施的过程中，公司应该考虑对员工及经理的必要沟通。沟通的第一步就是设计一个战略计划：包括沟通的对象、时间、地点、沟通负责人等。沟通的方式也很重要，有小组沟通会，包括员工同经理的小组会、安排员工信息分享会等。

【赢在落实】管理者要注意：任何分析都是有误差的，在开始实施工作分析之前，考虑各种工作分析过程中可能出现的误差来源，将这些问题减少到最小，有利于工作分析发挥最大的效果。

11. 考核务必要多角度、多渠道

公司的考核要多角度、多渠道，让绩效的考核更公正、合理。管理者可以采取以下的考核方法：

（1）由考核委员会进行考核。

考核委员会成员通常由员工的直接领导及3~4名其他领导组成。他们以一种旁观者的角度来评价，排除了直接领导自己考核的许多感情因素，所以更真实、公平、有效。

（2）上下级考核。

领导会提供有关员工工作表现、工作缺点和潜力的各种信息，并能从团队目标的角度来评价员工个人的工作绩效。

（3）员工自我考核。

即员工个人的自我评价：如果员工理解了他们所期望取得的目标以及将来考核他们所采用的标准，则他们在很大程度上处于评价自己的最佳位置。

（4）客户考核。

对于服务类的公司，客户的评价往往起决定作用。客户作为唯一能够在工作现场观察员工绩效的人，就成为了最好的绩效考核者。

【赢在落实】绩效考核不能拘泥于形式，要多手段、多方式。老板要明确考核的目的，更好地让员工工作。

12. 量化考核与逐级考核

考核是每个公司都头痛的问题。许多公司采用的是完全量化的考核，即使不能量化的也形式上量化，导致了很多问题。

任何一个公司无论规模大小，没有量化的考核肯定不行，但纯粹的量化也不行。根据公司的特点考核的内容多寡不一。因此，不能一切都以量化考核。那么不能量化的部分要怎样考核呢？

成功的公司的经验是一听、二看、三感觉。听，要注意听谁的，怎么听，听什么。老板自身要有计划，有标准，不能被下属带进“沟”里。看，“百听不如一见”，亲眼所见远远胜于听人汇报的效果。但是老板要有火眼金睛的能力，透过现象看到本质。感觉，管理者的综合智能。当领导对下属有初步清晰的感觉后，再通过其他方式获取信息来求证自己的感觉，从而明白下属干得如何。

【赢在落实】 真正心中有数的管理者，不用刻意地去听下属汇报那些虚张声势的考核，仅凭日积月累的感觉就可以判断下属干的好坏，数字只是求证和补充。

13. 设计科学的定性考核指标

设计定性指标的考核标准，首先要将定性指标进一步细化成多个可考核的方面，即考核维度。具体讲，设计定性指标的考核标准可分为以下三个方面：

(1) 分析工作内容，揭示工作的本质功能。

首先要对这项工作进行分析，如工作内容、人员、工作成果、水平和质量；其次要分析工作的本质和功能，从外延和内涵上全面把握工作的性质。

(2) 确定考核角度。

通常评价一项工作的角度有时间、数量、质量、成本及风险等，其中风险是指工作中的不利因素、不利行为和不利结果等。

(3) 选定考核指标。

针对确定的考核角度，设计具体的考核指标。有关时间方面的指标通常有完成时间、及时性、时限、批准时间、开始时间、结束时间等；有关数量方面的指标通常有个数、时数、次数、人数、项数、额度等。

【赢在落实】 作为一个公司组织，无疑需要量化考核，但是把什么都量化也不行。因此定性指标的考核是一个绕不开的问题。但是老板要注意设计指标的科学性。

14. 人一闲着，就会出问题

公司在规模扩大之后，就会需要更多的人，但是人多不一定是好事，人员的增长与效率的增长往往不成正比。原因是人多了之后，管理跟不上，人浮于事的现象就出现了。事实证明，一个公司如果闲着的人太多，就是慢性自杀的开始。

所以老板的第一要务，就是保证每个人有事可做，决策层的最大任务就是设计好项目，尽快实施，让上上下下都尽快地动起来。有人闲着，就是公司陷入危机的标志。作为员工就该警惕了，下一步必然就是裁员。

裁员，是公司自救的开始，把有限的工作投入到有限的工作人员中，既是提高效率、节约成本的必然选择，也是消除闲散、鼓舞士气的必要措施。

如果裁员有难度，就可以选择培训。把多余的时间用于学习，一方面可以提高素质，另一方面可以将剩余的时间填满，对个人和公司都有益。

【赢在落实】 管理者要吸取“三个和尚没水吃”的教训，让员工承担全职全责，让他没有推诿的余地。一件事情由一个人全职全责去做，执行力才是最强的。

15. 建立健全的监督机制

公司虽然建立了管理制度，但是如果没有相应的监督制度，管理制度的落实就会出现问题，无论是没有人监督还是监督的方法不正确，都会直接导致责任落实的不力。那么，建立系统、完善、规范的监督机制该从哪些方面着手呢？

(1) 意识到监督机制的重要性。

今天，很多公司已经意识到监督的重要性，但是还是停留在一些表面文章上，没有制定系统、完善、规范的监督机制。

(2) 建立严格的奖惩制度。

监督，关键在于如何处理监督的结果。对于监督的结果，好的要给予表扬、肯定甚至奖励，总结成功经验；坏的则要及时纠正，要总结经验教训，同时要追究责任。

(3) 掌握合适、有效、到位的监督手段。

即使有了完善的监督体系，如果没有相应的监督手段，那么有效监督也是空谈。在实际的监督过程中，就要讲究监督手段的多样性和艺术性。否则，不但不能有效地监督，反而会适得其反。

【赢在落实】 有句话说得好：抓住不落实的事+惩罚不落实的人=落实。如果在责任落实的过程中不加以监督，就容易产生“一步放松、步步放松”的情况。

16. 绩效考核的目的

绩效考核有助于公司的管理，因此几乎每个公司都会制定绩效考核的制度，但是有多少老板只是跟风而不知道绩效考核的目的呢？在拟定绩效考核方法之前，管理者要先明确，绩效考核的重点。

(1) 设计一种公平合理的方式，在一段时间内，尽量客观地考核出个别的组织成员对组织的实质贡献（或者可以说存在价值）。

(2) 让被考核的人能够了解考核的结果，以便依据此结果来修正自己的行为，提高对公司的实质贡献。

在考核成绩时要注意两个重要的尺度：一是实际完成工作的质与量，其次是对组织的无形贡献，包括对公司的认同态度、责任感、与其他人员的配合度和相处情况等等。

就考核的方法而言，实际完成工作的质与量是比较容易精确计算的。至于无形贡献的考核，以利用无记名问卷的方法比较可行。但是在设计问卷时应以简单、明了及有效为准。

【赢在落实】不同阶层和不同功能的人员，考核的内容也是有所区别的。所以，老板一定要根据员工职位特点合理安排考核内容。

17. 考核究竟“考”什么

当代的公司都在进一步的完善自己的制度，也制定了相应的考核标准，但是管理者是否都清楚考核究竟“考”什么呢？

有三个亲兄弟一同在一家毛皮公司上班，但是三个人的工资却不相同。助理问老板，明明是亲兄弟，为什么会不一样？老板说：“那我们考考他们，看看他们的表现你就知道了。”

老板让兄弟三人去调查停泊在海边的货船，船上毛皮的数量、价格和质量都要详细地记录下来，并尽快给予答复。仅仅过了 5 分钟，老二就来跟老板汇报情况了，他是直接打电话问了货船的船长。1 个小时之后，老三回到公司向老板汇报，他亲自调查了船上货物的数量和质量并做了详细的汇报。

3 个小时之后，老大才回到办公室。他先是汇报了货船上详细的货物信息，然后已经将船上最有价值的商品进行了记录，为了方便老板与货主签订合同，他已经请货主明天 10 点钟前到公司。老板意味深长地看了助理一眼说：“这才是真正的考核。”

【赢在落实】这件事告诉老板们，在对员工进行绩效考核时，不能简单地依据某一个标准，而是要从多方面对员工进行“立体考核”，这样才能对一个人作出正确的评价。

18. 确定绩效考核的标准

无论是从员工的角度考虑，还是从管理者的角度考虑，工作标准都应该包含两部分基本信息：一是员工应该做什么；二是做到何种程度。公司要进行绩效考核，首先要确定一个分析和考核员工的标准。这个标准一般可分为绝对标准、相对标准和客观标准。

(1) 绝对标准是以如出勤率、完成率、文化程度等客观现实为依据，而不以考核者或被考核者的个人意志为转移的标准。

(2) 相对标准是采取相互比较的方法，此时每个人既是被比较的对象，又是比较的尺度，因而标准在不同群体中往往就有差别。比如规定每个部门有两个先进名额，那么工作优秀者将会在这种比较过程中评选出来。

(3) 客观标准则是评估者在判断员工工作绩效时，对每个评定项目在基准上给予定位，以帮助评估者作评价。

【赢在落实】 制定绩效考核标准时，要针对不同职位制定不同的考核参数，而且尽量将考核标准量化、细化，多使用绝对标准和客观标准，使考核内容更加明晰，结果更为公正。

19. 走出绩效考核的误区

实行绩效考核，是将制度用于实践的过程，因此会出现误区，比如将月度绩效考核等同于绩效管理。像这样的误区，还表现在以下儿个方面：

(1) 照抄照搬，盲目模仿。

公司的管理体系必须充分考虑公司的特点、发展阶段、战略目标、员工知识、技能、能力等。不顾公司自身特点，盲目模仿、沿用其他公司管理实践只能导致水土不服。

(2) 把绩效考核简单化。

在一些管理者眼里，“考核=打分=发奖金”。其实，绩效考核的目标是多重的，考核的结果更要广泛地运用在员工招聘、培训、晋升等方面。

(3) 忽略绩效反馈。

绩效管理的最根本目标是不断提高员工和公司的绩效，在竞争日趋激烈的环境中建立持久的竞争优势。忽略绩效反馈环节，把绩效管理静止化地对待的思维和实践，对公司不断改进和提高的杀伤力极大。

【赢在落实】 绩效考核需要注意的就是让每一位员工参与进来，在接受他人考评的同时，不仅可以对自己的工作进行考评，而且做到人人平等，共同进步。

20. 绩效测评的四个方法

绩效测评作为公司用人过程中至关重要的环节，越来越受到管理者的重视。但要进行科学公正的绩效测评，首先要选择正确的方法。

(1) 主管测评法。

这是凭老板个人的判断来评定下属人员的一种测评方法。这种方法的优点是简便易行，缺点是缺乏客观标准，测评结果很难达到公平合理。

(2) 民意测验法。

该法把测评的内容分为若干项，制成测评表，每项后面空出五格：优、良、中、及格、差，然后将测评表发至相当范围。

(3) 综合测评法。

这种方法是首先自己总结，然后员工评议，最后老板归纳测评结果。被测评者本人对自己了解最清楚，由本人对自己实事求是地总结评定就比较客观，有利于培养自我管理和严格要求自己的作风。

【赢在落实】 老板要学会运用绩效测评的方法，绩效测评发扬了民主，也沟通了上下级之间的思想联系，是让整个公司保持高绩效、高效率的有力武器。

21. 把收入和业绩挂钩

作为留住人才的策略，收益分享是一种出色的方案。员工对实现成功的承诺增强了，对最终酬劳的期望也得到了保证。

(1) 重奖有业绩的员工。

只要是有成绩的员工都要论功行赏。老板要善于利用物质需要来收买人心。立大功的人要给予充分的物质刺激，千万不要只停留于精神鼓励，不要只给开白条。更不可过河拆桥，滥杀功臣，公司一旦失去人心，就是一盘散沙。

(2) 严格遵守薪酬激励制度。

公司应该制定一套内部薪酬制度。有些工作，只要员工做到了，并且制度上有相应的薪酬激励规定，公司都应该按时给予物质上的报酬。

老板要让员工感到自己的付出与所得是对等的，并且在组织内是公正的。

(3) 让业绩有竞争。

员工的薪水必须具有竞争性，即要依据员工的实际贡献来确定其报酬。

【赢在落实】 只要环境条件适宜，属下的才能自然就会生根发芽、开花结果。要使管理工作进入“自动化”快车道，最根本的一点是把收入和业绩挂钩。

22. 选准授权的对象

一个公司的运营需要依靠全体员工的努力，老板只是引导方向的人，因此将权力交给下属让他来完成老板的意图是必要的。但是授权是件大事，一旦授权授错了人，很可能会误事和坏事。根据管理经验，老板可以将权力适度授予以下几种人：

(1) 忠实执行自己命令的人。

(2) 做老板的代办人。

(3) 知道自己权限的人。

(4) 向老板报告自己解决问题的人。

(5) 勇于承担责任的人。

(6) 不是事事请示的人。

(7) 经常请求上级指示的人。

(8) 提供情报给老板的人。

(9) 老板不在时能负起留守之责的人。

(10) 准备随时回答老板提问的人。

(11) 致力于消除老板误解的人。

(12) 向老板提出问题的人。

【赢在落实】 权不可不授，却也不可乱授。老板要有火眼金睛，找对合适的人才，才能达到授权的目的，提升整体的运营效率和效益。

23. 抓好授权后的追踪工作

(1) 要强调结果，而不要过多地关注过程。

疑人不用，用人不疑。要放手让员工挑大梁，要让他们勇于决策，而不要指手画脚。

(2) 要帮助员工解决问题。

当员工在工作中遇到困难时，在施加压力使之不要放弃的同时，应尽力帮助他找到解决问题的办法。要当一个坚定不移的支持者，而不是教练。

(3) 要事先协调。

如果两个人或更多人负责的工作要授权给某一个人，则必须事先协调好，否则会激化矛盾，产生阻力。

(4) 奖罚分明，以充分刺激其积极性。

对于踏实肯干、不怕失败，最终取得胜利的员工，要进行嘉奖；相对的对于违反公司制度和纪律的员工，就要惩罚。对把任务当球踢的员工绝不姑息；否则老板就会丧失威信，降低公司的竞争力。

【赢在落实】 管理者要知道：授权是提高工作效率和技能的重要途径，是对员工的信任与支持的体现，是使个人和团队快乐成长的秘诀。

24. 学会防止“反授权”

所谓反授权，就是指下级把自己所拥有的责任和权利反授给上级，也就是把自己职权范围的工作问题、矛盾推给上级，“授权”上级为自己工作。

这样一来，原本授权的老板反而被下属牵着鼻子走，处理下属应该解决的矛盾和问题。在某种程度上成为下属的下级。出现“反授权”的现象，大概有下面几种情形：

⑴ 老板不善于授权，缺乏授权的经验和气度。

⑵ 老板对下属不够信任，非得亲自动手心里才踏实。

⑶ 少数老板官僚主义严重，喜欢揽权，使得下属不得不事事向其请示汇报。

⑷ 老板对“反授权”来者不拒。

⑸ 某些下属不求有功，但求无过。

⑹ 下属缺乏应有的自信心和必要的工作能力。

⑺ 下属思想素质差，只求谋官，不想干事。

【赢在落实】老板在授权过程中以及授权以后，都应该注意防止“反授权”。否则，被下属牵着鼻子走，不仅提高不了公司的效率，更会让公司的制度形同虚设。

【制度样板】

出入厂管理规定

第一条 为维护工厂安全，确保人员、车辆、物品管理有序，特制定本规定。

第二条 公司人员、车辆、物品出入厂门时，应遵守本规则规定，由守卫负责管理。

第三条 本公司厂区人员上下班应穿着制服，佩挂胸章于左胸处，打卡后方可出入厂。

第四条 助理工程（管理）师以上人员，及因公需经常出入厂区的人员，经厂处长核准后，可以随时出入厂区（胸章标明符号）。

第五条 从业人员上班时间请假出厂时，应按规定办理请假手续后打卡出厂。

第六条 非本厂区人员如因公需入厂区者，应凭出差申请单第二联或从业人员出入门证第二联，经守卫查对后填写登记表，方可进入。

第七条 接洽业务之厂商或顾客如有出入必要时，凭主办部门科长核签“车辆/人员出入门证”，办完公事后需退换胸章等证件。

第八条 政府机关、民意代表、人民团体或本厂区人员亲友如有必要入厂参观时，由经办人或申请人按经划定准许参观的路线图填具“参观申请登记单”，经总务科长核准后通知各有关部门并派员引导参观。

第十一辑

制度表格化，流程标准化，养成用数据说话的习惯

“制度”不应局限于死板的条文，还应以形象、简易的表格呈现出来，让每个团队成员获得一种规范化、流程化、标准化的操作指南。在制度落实中学会用数据说话，可以消灭管理“盲区”和“死角”，胜过千言万语的繁文缛节。

1. 制度离不开表格管理

摩根斯坦利董事长普赛尔说："所谓企业管理就是解决一连串关系密切的问题，必须系统地予以解决，否则将会造成损失。"老板想要建立一套完善的制度，就必须懂得如何进行表格管理。

(1) 制度具体包含了生产制度、财务制度、销售制度等多种形式。而每一项制度最后都必将反映在一张张表格之中。

(2) 表格管理涉及市场的研究、监控，管理要素的统计和预测，它贯穿于经营管理的全过程中，最终掌握各个部门的工作情况，是老板在信息化时代必须掌握的一项基本技能。

(3) 通过每张表格中的数据，老板可以更加直观、清楚地看到公司制度建设中的一些问题与不足，进而不断"去弊取利"，指导下一步的决策及管理工作。

【赢在落实】 表格管理不仅是大公司老板必须掌握的知识，也是小老板应该谙熟的管理手段，在今天这种信息化竞争时代，数据在某种程度上就是公司的利润来源。老板不但要学会读表格、看表格，更要学会用表格管理促进公司制度的落实，掌控公司的发展方向。

2. 员工考核表

员工考核表制度，既可以对每位员工个人综合水平进行测定，也可以为公司选拔人才、开发人才提供一个重要手段。通过计划性的人才开发，公司就能源源不断地获得自身发展所需的人才。

在公司制度的落实中，员工考核坚持量化的操作原则，可以让员工的工作绩效更直观，让复杂的绩效考核体系变简单，还有助于老板准确识别员工实际工作绩效和预定目标的差距。

每个公司在经营思路、管理策略上也是千差万别的，更不要说因为行业、规模、发展阶段带来的各种差异。因此，员工考核表制度的实施要结合公司的实际现状，通过利用现代管理理论和相应的技术手段，建立一套量化的绩效考核体系。

【赢在落实】老板在公司制度的具体落实过程中，可以通过引进外部专业咨询机构建立科学有效的绩效考核体系，并通过实践中加以调整，让这套管理制度体系更有效。

员工考核表

部门:_____部　　_____科　　____年

姓名	职称	工号	考核项目/配分						总分	出勤状况	等级				评语
			专业能力17分	计划能力17分	组织能力16分	协调能力16分	改善能力17分	责任感17分			优	良	中	差	

审核:　　　　　　　　　　　　　　制表:

3. 干部考核表

公司干部是团队的中坚力量，他们的水平如何，在很大程度上决定着团队的战斗力。

通过建立并实施干部考核表制度，老板就能对中层干部有真切的把握，从而决定干部的使用，以及对他们采取怎样的培训计划。如果是选拔组织发展所需的核心人才，则要从中发现能够担当重任的干才。

建立干部考核制度，不仅是为了进行绩效评定，给予对方物质报酬。从人力资源管理的角度来看，在干部考核的基础上掌握人才的能力大小、工作状态，进而可以通过物质激励的手段实现对人才的有效管理，并做好人才储备。

【赢在落实】公司管理者在制定干部绩效考核制度时，应该以市场的实际情况为基本出发点，同时也要使干部能够达到这个考核标准。只有标准合适，才能使公司的干部遵守公司制度，完成工作任务。

干部考核表

部门:______　　　　______年

序号	工号	姓名	职务	考核项目					合计	复审	核定	级别
				专业能力	计划能力	组织能力	工作绩效	敬业态度				
1												
2												
3												
4												
5												
6												
7												
8												
9												
10												
11												
12												
13												
14												
15												
16												
17												
18												
19												
20												

批准:　　　　　　审核:　　　　　　批文:

4. 工作日报表

生产性公司每天的工作情况如何，老板应该有一份全面的报告，这就是“工作日报表”肩负的使命。在某种意义上，“工作日报表”反映了公司一天的生产、组织情况，是对全天人力资源、机器设备、生产计划执行情况的汇总和记录，也是公司员工遵守规章制度做事的体现。

通过工作日报表，老板可以对每天的工作细节形成全面的认识，也可以根据实际工作需要有案可查。工作日报表的作用还包括：

（1）清楚计算效率，了解实际生产能力，有据可依。

（2）更好地表现异常的原因。从物料的缺少，工程的变更到人员的调动等等，一系列都可以反映生产的状况。

【赢在落实】老板掌握了这些数据，就能了解公司每天投入的资源有哪些，创造的价值有多少，生产经营过程中存在的问题，以及公司制度是否被贯彻落实。此外，老板还能从中看到公司各种资源的配合度，发现改进公司制度的有效措施。

工作日报表

开动机数：______　　　　　　　　　　　　　　　　单位：______

机器数量	实际开机	总开机时间	开机率	停机数目
停机原因				

本日工作批数：

目标：__________，实际：__________

差异原因：____________________

生产数量：______　　　　　　　　　　　　　　　　单位：______

调度单号	产品名称	批　号	本日产量	本日工时	本日移出	结　存

生产人数：

应到：________人，实到：________人

应有工时：________，加班工时：________，停工工时：________

有效工时：________

科长：________

5. 全厂生产日报表

老板需要对公司每天的生产情况有全面的了解，这就是“全厂生产日报表”存在的意义。全厂生产日报表制度要求，在这张报表里，以“批号”和“产品名称”为标志，汇总“生产一线”、“生产二线”等各个生产单位的情况，包括“人力”、“工时”、“产量”等详细指标。

还要求在报表的底部，老板要签字，以及附上审核意见，这样就能够对公司每天的生产情况进行概括总结，完成整体上的评价。

管理一个生产性的公司，涉及到各种资源的配置、人力的安排，并且还要应对市场的千变万化，这就考验着老板对这项制度的落实程度。

【赢在落实】生产型公司一旦投入运转，就意味着资金、人力、原料的巨大耗费，所以老板必须保证制度切实的落实，对每天的生产情况都要了如指掌，才能改善管理、有效掌握公司人、物、场所的利用情况，提高效率，以及趁早发现问题。

全厂生产日报表

______月______日　　　　　　　　　　单位：______

批号	产品名称	生产一线			生产二线			生产三线A组			生产三线B组			全厂		
		人力	工时	产量	人力	工时	产量	人力	工时	产量	人力	工时	产量	人力	工时	产量

厂长：　　　　　　审核：　　　　　　　　　制表：

6. 销售日报表

销售日报表是对每天销售情况的记录表格。运用“销售日报表”这种管理制度，老板可以监管营销人员、掌握一线市场信息、培养营销人员精细化营销的意识和习惯。

(1) 销售日报表是日后销售统计总表的基础。

对公司来说，每天卖了多少东西、赚了多少钱，对这些情况有真实的记录，才能做到有案可查，为日后做出真实的销售统计打下基础。

(2) 根据每天销售情况了解市场变化。

销售日报表是对某一时刻销售情况的真实记录，反映了当天市场行情的情况，从而为老板观察、了解市场提供最真实的依据。

(3) 根据若干天的销售记录，分析市场走向。

把每天的销售报表综合到一起，就会形成一个动态的销售变化图。通过这一点，老板能够发现销售趋势，从而制定科学决策的管理制度。

【赢在落实】老板对销售日报表的高度重视是成功实行销售日报表制度管理的重点。对于业务员提交的文件和资料，老板应认真过目并提出附加意见，还要重视处理或批示。这样会使业务员加深对销售日报表的重要性的认识，更好地遵守公司的制度规定。

销售日报表

____年____月____日　　　　单位：_____

序号	客户名称	接洽人	订货名单	等级	数量	单价	金额	交货日期	其他接洽记录
1									
2									
3									
4									
5									
6									
7									
8									
合　计		——	——	——				——	——

今日访问家数		本月累计访问家数		明日预定访问客户	

本月营业目标		当日收款总计		已完成目标累计		未完成目标累计	

市场动态品质反应		主管评估工作价值	

总经理：　　经理：　　主管：　　制表：

7. 营业日报表

营业日报表反映的是当日业务洽谈情况，以及因此发生的费用支出。这个表格管理制度可以保证公司对业务往来情况的成本记录做到一清二楚，也可以督促员工遵守公司制度。

(1) 营业日报表是销售行为的成本记录

销售过程中，除了要完成交易，实现盈利机会，公司还会付出相应的成本，承担必要的费用。老板通过营业日报表可以掌握销售过程中发生的费用支出，并做到控制成本。

(2) 控制好销售成本

在销售环节，除了人力成本、奖励成本外，销售行为本身还有一定的费用支出。老板要做好销售人员成本控制，既要敢于花钱，又要防止浪费行为发生，找到最经济的销售模式。

【赢在落实】 销售日报表起着决定性的作用，老板通过它可以进一步把握管理政策的方向。通过销售日报表管理制度，老板还可以对成绩差的进行整改加强，促进整体生产力度。

营业日报表

_____年_____月_____日　　　　　　单位：_____

序号	客户名称	接洽内容				订货额	收款额	费用支出				接洽时间	备注
		订货	联络	收款	送货			交通费	差旅费	交际费	其他		
1													
2													
3													
4													
5													
6													
7													
8													
9													
10													
11													
12													
摘要													

审核：　　　　　　　　　　　　　　　　制表：

8. 月份销售实绩统计表

月份销售实绩统计表，是对销售人员月度销售情况的真实客观描述。在这个表格里，详细记录了“销售额”、“成本”、“毛利”，以及“个人费用”等项目，反映了当月销售收入情况，以及应付的成本。

通过月份销售实绩统计表的管理制度，老板可以根据“收款记录”，准确判断出某个销售人员的实际“绩效”，监测他们对公司制度的落实情况。

(1) 找到提升销售业绩的方法

通过这个表格，老板可以对整个销售团队的水平有详细的了解，对这个销售市场有清楚的把握。当然，最重要的是在月工作总结中发现问题，找到提升销售业绩的方法。这一切，都有赖于经理人员与员工共同努力。

(2) 指导销售人员完成“销售月工作总结”

月份销售实绩统计表，集中概括了销售人员当月的工作情况，不但是绩效考核的重要依据，也是员工自我总结的重要参考。

【赢在落实】老板要指导销售员做一个有深度、有价值的月份销售实绩统计表，带头遵守公司制度，帮助他们实现自我成长。

月份销售实绩统计表

_____月　　　　　　　　　　　　单位：_____

姓名	销售额	销货退回	销货折让	销货报损	销货净额	成本	毛利	个人费用				部门分摊	净利益	收款记录			绩效
								薪金	旅费	其他	合计			应收	实收	未收	

审核：　　　　　　　　　　　　　　　　制表：

9. 奖惩登记表

奖惩登记表是根据“职别工号”、“姓名”进行登记的，重点是“奖惩事项及文号”，这是对员工奖惩的总结概括，并有相关的文件作为证明材料。

老板在执行奖惩登记表管理制度时，要明确赏罚分明的原则。对两个同时犯错的人，老板可以各打五十大板，这样双方都可以接受，这样既能保证公司制度的执行力，还能起到以儆效尤的作用。反之，如果老板偏袒一方，则容易丧失威信，而公司制度也会因此变为一纸空文。

奖惩登记表管理制度的实施既是“赏罚分明”原则的体现，也是对员工的一种心理威慑。这些赏罚记录，在很大程度上构成了员工个人评定的参考依据。这样的记录，往往让人信服，也免去了员工对年终奖赏的微词。

【赢在落实】老板在落实奖惩登记表管理制度时，必须坚持赏罚分明的原则，这样才能提高奖惩登记的权威性，起到应有的激励效果。

奖惩登记表

_____年度

职别工号	姓 名	奖惩事项及文号	统 计					
			告诫	记过	大过	嘉奖	记功	大功

审核:　　　　　　　　　　　　　　制表:

10. 薪资结构表

在薪资结构中，分类的依据有“基本薪”、“津贴”、“奖金”、“加班”，与此对应的是薪资项目的名称、“适用人员”、“基准金额”。薪酬管理人员可以根据这些标准对不同的工作人员划定薪资构成情况。建立薪资结构表管理制度要注意以下两点：

(1) 明确薪酬设计的目标。

薪酬结构设计要明确目标，才能达到预期的设计目标。一个公认的标准是“劳有所获，多劳多得”。在这一原则指导下，再根据职位特征、行业特色等要素细化薪资结构，就容易达到理想的目标。

(2) 实现外部均衡、内部均衡。

公司在进行薪酬管理时，要注意薪酬的外部均衡和内部均衡问题。外部均衡是指公司员工的薪酬水平与同地域同行业的薪酬水平保持一致，或略高于平均水平；内部均衡主要是指公司内部员工之间的薪酬水平应该与他们的工作成比例，即满足薪酬的公平性。

【赢在落实】 为了保证薪酬管理制度的公正执行，增强薪酬发放的严肃性，需要老板认真负责地落实薪资结构表制度，这样的薪酬设计才有竞争力，才能留住人才。

薪资结构表

______年　　　　　　单位：______

分类	项目	适用人员	基准金额
基本薪	月给	全体员工	
津贴	职位津贴	参照说明	
	工种津贴	经核定之特殊行业	
	住房津贴	全体员工	
	伙食津贴	全体员工	
	夜班津贴	夜班轮班人员	
奖金	效率奖金	全体员工	
	全勤奖金	全体员工	
加班	加班费	经理以下	

审核：　　　　　　制表：

11. 员工工资表

员工工资是公司人力资源管理中的一项重大开支。作为薪酬体系的重要内容，科学的工资安排会有效提升员工的积极性。制定员工工资表管理制度应注意：

(1) 充分认识员工工资设计的重要性。

在人力资源管理领域中，薪酬管理是最困难的管理任务。通常，员工非常关心自己的薪酬水平，因为这直接关系到他们的生存质量。所以，公司在设计员工工资时要保持审慎的态度，在人力资源管理中做好意见调查。

(2) 工资设计要力求简单明了。

现在，一些公司的薪酬结构和薪酬体系制定得非常复杂和繁琐。实际上，过于复杂的薪酬管理与过于简单的薪酬管理一样会降低薪酬的激励作用。

【赢在落实】一套良好的薪酬制度，可以让公司在不增加成本的情况下提高员工对薪酬的满意度。这就要求老板严格按照制度落实员工工资，激发员工的积极性。

员工工资表

部门:______　　　　______年______月______日　　　　单位:______

		A	B	C	D	E	F
姓　　名							
职　　称							
职　　等							
应领工资金额	本　　薪						
	主管津贴						
	交通津贴						
	外调津贴						
	全勤奖金						
	绩效奖金						
	住房津贴						
	应付薪资						
应扣金额	个人所得税						
	住房公积金						
	各类保险						
	其他扣款						
	合计						
实领金额							
总　　计							
签　　章							

核准:　　　　　　　　主管:　　　　　　　　制表:

12. 薪资调整表

随着公司发展、市场环境的变化，或者公司遭遇危机，老板会提出薪资调整的计划。薪资调整，可能是增加工资，可能是降低工资，还可能是针对一部分特定员工增加或降低工资。

需要说明的是，制定薪资调整表管理制度有一些考虑因素，需要老板把握好。根据实务经验，这些因素包括：

(1) 企业营运支付的能力。

(2) 劳动市场薪资水平。

(3) 一般生活水平。

(4) 劳动生产力与营业额。

(5) 工作评价。

(6) 政府法令规定。

(7) 福利政策。

(8) 团体协商。

薪资制度调整的原则一定要有利于提升公司生产效率、促进公司发展。而老板可以借助薪资调整的机会，发挥人力资源的最大价值，调动每个人的工作积极性，有效促进员工遵守公司制度。

【赢在落实】老板要想在薪资制度的调整上激励员工，就要慎重评估与规划。坚持适度的原则，根据实际情况确定调整幅度。

薪资调整表

部门：______　　　　______年______月______日　　　　单位：______

职位	姓名	职称	性别	年龄	学历		服务时间		前四年考核				本年考核		现支月薪	拟调整			处理意见	核定	
					学历	毕业年度	年	月	年	年	年	年	分数	等级		调整额	调整后月薪	职位		职位	月薪

董事长：　　　总经理：　　　经理：　　　主管：　　　制表：

13. 薪资核定标准表

每个人的薪资情况是根据其“职称”累加的。尤其是在现代企业管理中，对技术人才、销售人员、管理人员等不同职位的薪资核定，都有严格的规定。通常，薪资核定的内容包括“职位等级”、“本薪”、“职位津贴”、“技术津贴”、“特支费”等。

落实薪资核定标准表的管理制度时，要结合下面两点：

(1) 坚持“以绩效定薪酬”的原则。

以绩效定薪酬，合情合理，只要把握得当，就能给员工合理的薪酬，真正实现了根据能力大小决定价值回报的目标。

(2) 重视对员工的资质评估。

以资质参照市场行情确定基本薪酬水平的理念，正在为越来越多的管理者所接受。特别是对一些技术性员工来说，资质评估基础上的薪酬核定标准更专业，也更令人信服。老板要注意这种价值认同倾向。

【赢在落实】 公司要根据所处的行业、发展阶段、工作属性等因素，灵活采取不同的薪资核定标准，实现人力资源应有的价值，提升员工的积极性，推进公司薪酬制度的落实。

薪资核定标准表

　　　年　　　月　　　日　　　　　　　　单位：＿＿＿＿

职称	职位等级	本薪	职位津贴	技术津贴	特支费

审核：　　　　　　　　　　　　　　　　制表：

15. 工作奖金核定表

奖金作为一种工资形式，其作用是对与生产或工作直接相关的超额劳动给予报酬。奖金是对劳动者在创造超过正常劳动定额以外的社会所需要的劳动成果时，所给予的物质补偿。

工作奖金是对员工的一种物质奖励，一定要坚持公正的原则。在具体核定过程中，老板务必要按照奖金发放制度准确核实，绝不能有丝毫的差别。要知道，如果出现小小的失误，就容易引发员工的不满，降低物质激励的效果，甚至破坏团队的内部团结。

老板在发放奖金时要掌握下面奖金制度实施的几个要点：

(1) 奖金制度的实施必须建立在完整、科学、公平合理的工作评价制度基础上。

(2) 不能忽视员工之间团结互助合作关系的建立与加强。

(3) 奖金分配应尽快全部兑现，对相关政策坚定执行。

(4) 在奖金制度下发实施之后，要在整体上保持稳定，避免短期大修大改。

【赢在落实】 奖金的目的在于激励员工更好地为公司创造价值，只要能达到这个目的，就是成功的。老板在发放奖金过程中，要遵守公司奖金制度，调动员工的工作热情，使公司成为团结一致的整体。

工作奖金核定表

______年______月　　　　　　单位：______

本月营业额		本月净利润		利润率	
可得奖金		调整比率		应发奖金	

	单位	姓名	职别	奖金
奖金核定				

	本月净利润	可得奖金（元）	本月营业额	目标利润提高比率
奖金核定标准	10万以上	0	4000万以下	0%
	10~20万	200	400~500万	10%
	20~30万	400	500~600万	20%
	30~40万	600	600~700万	30%
	40~50万	800	700~800万	40%
	50万以上	每增10万增加200元	800万以上	50%

总经理：　　　　　　核准：　　　　　　制表：

16. 工艺流程表

工艺流程，是指工业品生产中，从原料到制成品各项工序安排的程序，也称“加工流程”或“生产流程”。工艺流程表比较简单，除了“产品名称”、“规格”、“设计产量”等必备项目外，主要部分是对“工艺流程”的描述。

工艺流程表能够把整个复杂的工艺流程清楚地描述出来，这不仅有利于完成操作，还能让管理者思考每个流程可能的改进方法，从而推动工艺改进、提升效率和效益。

现代生产日益复杂，涉及到大量科技、知识，工艺流程表通过详细的解释说明，把产品制造工序介绍出来，是生产工人顺利完成操作的助手。

【赢在落实】在工艺流程表中，可以把具体的操作过程记录下来，作为生产操作的重要依据。老板必须提醒生产人员严格遵守流程制度，做到技术熟练，实现公司专业化生产制造。

工艺流程表

____年____月____日

<table>
<tr><td>产品名称</td><td></td><td>规格</td><td></td><td>设计产量（台）</td><td>每月</td><td>每日</td></tr>
<tr><td colspan="7">工艺流程:</td></tr>
<tr><td colspan="5" rowspan="2"></td><td>审核</td><td></td></tr>
<tr><td>制订</td><td></td></tr>
</table>

17. 新员工薪资核准表

对于新员工，由于还处在试用期，所以他们的薪资标准比较独特，需要区别对待。新员工薪资核准表管理制度对新员工的薪资标准做出了说明，包括“要求待遇”、“公司标准”、“拟定薪资”、“生效日期”。最后，由“部门主管”、“人事经理”作出相应的批示。

新员工在试用期内，会有自己的待遇要求，而公司也有薪资方面的制度。在双方彼此的价值认同没有最终确定时，需要注明“拟定薪资”，作为试用期内的薪资标准。所以，这个制度更多的是试用期内的薪资证明，它不是长期的。

一旦新员工过了试用期，公司对其工作水平和业务能力有了准确判断，那么双方就会继续合作，确定一个共同认可的薪资制度，作为未来一段时期内的劳动报酬或工资收入。

【赢在落实】 新员工薪资核准表管理制度重在“证明”，老板要确定新员工能否达到公司提出的工作水平要求，遵守公司的规章制度。

新员工薪资核准表

______年______月______日　　　　　　编号:______

工作部门		职　别	
姓　名		到厂日期	年　月　日
学　历			
工作经验	相关___年,非相关___年,共___年		
能力说明			
要求待遇		公司标准	
拟订薪资		生效日期	年　月　日
批示		部门主管		人事经理	

18. 月份福利工作计划表

IBM 前任总裁沃森曾说过："一个公司成败关键在于能否激发员工的力量和才智，公司的活力来源于公司的信念及其对员工的吸引力。"

月份福利工作计划表是针对员工每月享受到的福利而制定的工作计划，是现代企业人力资源管理的重要组成部分。它涵盖保险保障、退休计划、带薪假期、教育津贴等各种各样的津贴和福利。

员工月份福利的落实是福利管理制度最具体的一个方面。在福利落实中，应注意根据目标去实施，要落实预算，要按照各个福利项目的计划有步骤地实施，要定时检查实施情况，在执行过程中要有一定的灵活性，并防止漏洞产生。

【赢在落实】在实际工作中，老板要根据月份福利工作计划表，责任到人，落实好员工福利制度，并做好基本的预算，让员工享受到应有的福利，激励员工在工作中更上一层楼。

月份福利工作计划表

____年____月　　　　单位：____

福利举办项目	举办时间	说　明	负责人	干　事	预算费用	备　注

人事主管：　　　　　　　　干事：

【制度样板】

业务人员业绩增减月报表

_____年_____月　　　　　　单位：_____

业务人员	客户家数					销售金额					说明备注
姓名	原有	新增	删减	现有	增加	原客户	新客户	本期销售	上期销售	增长率	
合计											

总经理：　　　　　　副经理：　　　　　　经理：

第十二辑

奖赏按制度办事的人，激励是落实规章制度的有效手段

在很多人眼里，“制度”似乎成了“处罚”的代名词。其实，对守规矩的人来说，它是一把保护伞，有助于创造高业绩。奖赏按制度办事的人，既是运用正面激励手段促进制度的落实，还能消除影响制度落实的不良风气。

1. 建立着眼于落实力的薪酬制度

要想提高公司的制度落实力，就要先提高员工对工作的积极性，而要鼓励员工做好工作和多做工作，老板就必须建立公平合理的薪酬制度。

任何制度的设计都必须遵循一定的原则，薪酬的设计也不例外，只有在设计的过程中遵循这些原则，设计出来的方案才能真正起到激励作用。

(1) 公平性原则。

薪酬设计不公平，就会挫伤员工的积极性。因此，要达到薪酬激励的目的，首先要做到“一碗水端平”。

(2) 激励性原则。

这条原则要求在内部各类、各级员工的薪酬发放水平上适当拉开差距，真正体现按贡献分配的原则，从而最大限度地激发员工的积极性、主动性和落实力。

(3) 与实际相结合的原则。

薪酬制度的好与不好要看它是否适合公司的实际状况和能否有效地激励员工。不能盲目照搬别人的经验，而必须从公司的实际状况出发。

【赢在落实】 只有建立在公平基础上的薪酬制度才能真正地起到激励作用，而不科学的薪酬体系不但无法激励员工提高落实力，还会成为一系列潜在问题的引爆点，影响公司正常工作的进行。

2. 奖励尽职尽责的人

适当的奖励能够促进公司规章制度的实施，但一个公司这么多员工，对于应该奖励什么样的人，不同公司有不同的做法，但有一点是肯定相同的，那就是都会奖励尽职尽责的人。

落实奖赏制度，能够通过满足和不断提高公司员工的物质需求和精神需求来调动其积极性，最大限度挖掘员工潜能。它的具体作用有：

(1) 具有激励和约束作用。

通过奖励员工获得物质和荣誉上的利益，促使员工严格要求自己，积极工作，努力向上。

(2) 具有示范和指导作用。

对员工的奖励不仅能进一步发挥员工个体的潜能，而且还能在所有员工中树立榜样，从而使整个团队置身于一种积极向上的氛围中，使公司向积极、健康的方向发展。

【赢在落实】 能够让员工遵守规章制度为公司做贡献的一大法宝就是奖励制度的有效实施，因此老板应该奖励那些尽职尽责为公司谋利益的员工。

3. 设立有效的奖励计划

一些老板对奖励措施改进员工业绩的能力有怀疑，主要是由于他们对如何实施奖励方案没有信心，而不是方案本身。要达到预期的效果，奖励方案必须具备以下三个关键特征：

(1) 保证努力程度与薪酬有直接的关系。

一套奖金计划能否成功的要素之一便是：使员工相信经过自己的努力可以获得相应的奖励。所以，奖金计划的奖励标准必须根据员工的实际状况来制定，使员工通过努力可以完成。

(2) 薪酬本身必须受到员工重视。

由于个体需求的不同，要求奖金计划要对不同的员工有不同的吸引力。为此，必须调查员工的需求，有针对性地实行奖励。

(3) 设立有效的标准。

奖金计划所依据的标准必须固定，要规定什么情况下这样的标准有效；奖金标准还必须明确，不能贪含糊糊；奖金标准还必须周密，不可只重视数量而忽视品质。

【赢在落实】 建立一套有效的奖金计划，可以更好地发挥奖赏的正面激励作用，促进落实，提高员工的积极性，使公司取得更好的效益。

4. 把奖励与结果相联系

奖励是对“好的行为”的强化，因此，它必须紧紧围绕清晰的目标，将这个目标通过奖励清晰地传递给对方，让对方明白你提倡什么，不提倡什么，奖励什么，批评什么。因此，奖励必须与要导向的结果有机联系起来，从而实现奖励的目标。

如何才能避免奖励与公司期望的结果不一致，甚至是背道而驰呢？

首先，理清公司的激励导向，确定什么是应该被奖励的，什么是应该被惩罚的，什么是应该继续保持的。

其次，建立有效的激励，把公司的激励导向和员工工作行为建立合理的关联。

第三，在奖励之前，再次虚拟一下奖励后的结果，从结果中来判别这种奖励是否合适，奖励额度是否合理。

【赢在落实】公司管理者应该时刻牢记，奖或罚都只是手段，最关键的是要通过奖罚实现什么目的，脱离了目的实施奖惩是毫无意义的。

5. 不明确的奖励会破坏制度规范

奖励员工，如果不明确应该奖励什么，就会产生误导。很多公司在奖励员工的时候，都不将奖励的内容明确、公开，这就容易对员工造成误导，最后出现公司不希望出现的行为。

日本有一家公司有“三个档次”的员工：“实习工人”、“正式工人”和“特聘工人”。公司发放奖金时，“实习工人”和“正式工人”的奖金是公开发放的，而“特聘工人”的奖金则是以红包形式发放的，由于“特聘工人”都是些高级人才，所以他们的奖金通常是其他人的几倍。

但是，这种奖励措施却严重地挫伤了员工的积极性。首先，“实习工人”和“正式工人”了解到“特聘工人”的奖金是他们的数倍后，由于企业没能公开宣布“特聘工人”的特殊贡献，就引起了他们强烈的猜疑和不满。

其次，“特聘员工”也不满，他们当中有一部分人认为奖金不够，进而认为公司不承认他们的价值。而且，有的人还误以为“工人”和“在编职工”也收到了这种红包，数额更多。

结果，由于该公司在奖励政策上的不明朗，导致员工相互猜疑并不断地流失，而且就连在岗的员工也大都缺乏工作热情。

【赢在落实】老板一定要明确奖励，不但要让员工明白公司到底奖励的是哪种行为，以及为什么要奖励，还必须做到奖励公开、公平，通过明确的评价标准来消除员工的猜疑和误解。

6. 重奖最有落实力的员工

员工的业绩在很大程度上体现了这个人的落实能力。只有落实能力强的人才有可能取得优秀的业绩。所以，对高绩效的员工予以重奖可以激励员工提高落实力，进而增强整个公司的落实力。

给最有落实力的员工以重奖，其方法和形式是多种多样的。在通用电气公司，奖励优秀员工的方法是给他们发放股票期权。起初，通用电气公司只给 200 个优秀员工发放，后来，受到这种奖励的优秀员工数达到了好几万人。

IBM 公司为了充分调动员工的积极性，采取了多种奖励办法，既有物质的，也有精神的，从而使员工将自己的切身利益与整个公司的荣辱联系在一起。

【赢在落实】对于付出了艰辛劳动而成就突出的员工，管理者要除了口头表扬和精神鼓励，还要以重奖回报他们付出的努力，给他们实实在在的好处，让他们意识到管理者对他们的努力是看在眼里、记在心里、落实在行动上的。

7. 给守规矩的人意外奖励

“意想不到”的奖励是调节紧张而单调工作的良方，当员工为意外激励而兴奋、唏嘘的时候，他们的疲惫和麻木的神经得到了放松，工作落实的效率自然就提升了。

给守规矩的员工意想不到的奖励也会使员工格外地兴奋，感到自己受到了领导的重视，这种非同寻常的重视会给他留下刻骨铭心的回忆，使他终生难忘。

玫琳凯化妆品公司的创始人玫琳凯喜欢采取给守规矩的员工一个意外惊喜的办法奖励员工。其中有一位推销员获得的一份大理石纪念品上刻有这样一段文字：“你们愿意别人怎样对待自己，你们也应该怎样去对待别人。”密歇根州公司的一位员工在度假回来后，惊喜地发现了公司给他的奖励——装修一新的厨房。

上述一些企业，都通过给守规矩的员工一份意想不到的奖励，激发员工的工作热情、创造性和落实精神，因而大大提高了工作的绩效。

【赢在落实】 管理者在运用正面激励的手段促进制度落实的过程中，要注意应不断给员工意外惊喜，除了按规定给予奖励外，也应额外地给予物质的奖励和精神的鼓励，让员工感到意外，以极大调动员工的积极性，让员工爆发出更大的工作热情和落实力。

8. 提拔坚决落实制度规定的人

提升是很具诱惑力的一件事，因为在工作上位于组织的哪个位置，是与地位、身份还有能力联系在一起的，随着地位的上升，权限也会变大，在工作上更能按照个人的思考行事。提供提升机会是激励员工遵守制度、落实制度的重要手段。

每个人都希望自己节节攀升。若经常置某个员工于某个地位上，他会渐渐地降低工作意念。因此，可以提拔那些坚决落实制度规定的员工，使他能够得到较高的地位。然后在日常工作中加以训练和指导。如此一来，公司的制度规定会进一步地得到遵守和落实。

用不断提升的机会激励落实制度规定的员工，既有利于提高本单位人员的落实力和工作积极性，又可节省从外面招聘人才的费用。虽然用重金引进人才也是必要的和可行的，但如果管理者并未了解内部员工的情况而盲目引进，可能就会造成一种不必要的浪费。而且这也容易导致公司原有员工心理的不平衡，引起一大批老职员的不满，导致其积极性下降。

【赢在落实】 给个头衔，给个位置，对员工的影响是非常大的。公司管理者可以利用这个小小的正面激励手段，使公司更具落实力，这样也有利于员工的成长和公司的发展。

9. 避免毫无节制地奖赏

凡事走向极端就是走向了谬误。再好的东西也禁不起过度泛滥，奖赏也是如此。如果管理者不加任何节制，只是一味地给予员工发奖升职，对员工和公司未必就有好处。

奖赏始终只是管理者促进落实、调动员工积极性的手段之一，它不是万试万灵的仙丹妙药，吃一粒就能百病全消。而且从某个角度来看，奖赏更像是一种兴奋剂，它有相应的副作用，不能够敞开了吃。

现代人主张凡事适度，工作不能超过八小时，睡觉不能睡十分，锻炼不能太激烈，吃饭也要吃八分饱。奖赏就像美食一样，再美味的东西吃太多也有害身体。如果只吃八分饱，反而对公司、对员工的“健康”都有利。

【赢在落实】 老板在奖赏员工的时候不能不加任何节制，这一点对于有效驾驭下属的意义不可忽视。立小功得小利，立大功得大利。公司管理者在制定奖赏制度时，要有意识地把过程拉长、分段，使下属取得突出业绩的欲望永远处于“饥饿”状态，永远不会有满足感，这样才会有立功的原动力。

10. 对按制度办事的人表达信任

信任即相信并托负。人在受到信任的时候，一般都会产生快乐和满足感，进而诱发出全力以赴的热情。被人相信、被人托负就会感到责任。在公司里，管理者信任员工，员工就会具有使命感，充分发挥主观能动性和创造能力，创造性地把制度落实到位。

管理者信任按制度办事的员工，放手让其工作，才能使其产生强烈的责任感和自信心，从而焕发出更大的落实的积极性、主动性和创造性。所以说，信任即是一种有力的激励，其作用是强大的。

素有“经营之神”之称的松下幸之助更是把信任应用到了企业人力资源管理的每一个方面。他首创的“电话管理术”就是利用电话时刻与员工沟通，传达他对员工的信任。接到总裁亲自打来的电话，员工们总是能够从中得到鼓舞和力量，从而愈加遵守公司的制度。

【赢在落实】因此，在公司管理过程中，老板应表明公司对遵守公司制度规定的员工的信任和重视，相信他们可以获得巨大的成功，而得到这样暗示的员工会更加努力地工作以报答管理者的知遇之恩。

11. 鼓励员工按制度办事

如果要在某方面改进一个人，就要做得好像那种特点已经是他的显著特性之一。莎士比亚说："一种美德，如果对方没有，最好是假定，并公开地说对方有你要他发展的美德。给他一个好名誉，他便会尽力去做，而不愿看你失望。"

与信任类似，鼓励员工按制度办事可以诱导他更加遵守公司制度。每个员工都有维护自身荣誉形象的自我意识倾向，通俗地说，就是虚荣心。这是一个人希望实现自我价值需要的反映。它是一种与自信心、进取心、责任感、荣誉感密切相连的心理。

身为管理人员，老板应该非常明白鼓励的巨大作用和重要意义，并尝试着对员工进行鼓励，鼓励的标准要得当，不能过高或过低。标准过高，容易使员工感到高不可攀，望而生畏，从而失去争取的动力；标准过低，容易使员工感到唾手可得，易如反掌，同样会失去调动积极性的作用。

【赢在落实】 可见，无论是为了收服人心，还是为了让员工的言行更加符合公司的制度，鼓励都是一种效果非凡的正面激励手段。

12. 低成本的激励术

员工们渴望得到赏识，这种赏识应该来自对他们的事业最有影响的人，这就是他们的领导。在使员工遵守公司规章制度的成本中，领导的激励术其实在这种成本中最低。

因此，公司领导要运激励的手段，以赏识的眼光来看自己的员工，这样不仅能够激发员工的积极性，也能够通过自己的个人倡导和言传身教，使公司的每一个成员都能够学会赏识，从而降低由于人际关系紧张而带来的各种不必要的成本，提高公司的工作效率和经济效益。

在公司里，领导对员工的激励越大，优秀的员工越多，公司的制度规定落实的越彻底，团队的卓越程度越高，公司的核心竞争力就越强。

【赢在落实】 公司管理者在给员工提供发展远景、可见度和动力的同时，更为重要的工作是为了自己的员工而培养良好的激励习惯。引导和鼓励员工相互赏识，使员工遵守公司制度，也使他们的工作变得更加愉快和有意义。

13. 建立激励计划并执行下去

建立一个激励计划，是对员工进行激励行动的前奏，也能够让员工更好地遵守公司制度。而激励计划的宣传与管理工作是使计划达到预期效果的有力保障。

(1) 计划的实施要有一个激动人心的开端。不声不响的激励计划是得不到员工的认识与响应的。因此你必须要为你的激励计划大造声势，让你的员工被激励起来，随时随地注意计划的进展。

(2) 对激励计划实行最有效的管理。在计划执行期间，要对整个计划的实行监测，并提供相关的报告。

(3) 计划目标实现之后，一定要找一个适当的时间及时开一个隆重的庆功宴会或总结表彰会。要让这次激励计划产生的"实惠"深入人心，以便在日后开展新的激励计划。

【赢在落实】 建立一个激励计划，是对员工进行激励的保证。它的好坏，会直接关系到员工对公司规章制度的贯彻与落实。因此，公司管理者应制定一个既易实行、效果又好的激励计划。

14. 绩效管理要公平

有这样一个假设：如果在一个大型企业中就职，每天都辛苦地工作，处处为企业着想，而另一个人每天工作清闲，整日无所事事，但老板却以同样的态度、同样的待遇对待，你内心会平衡吗？还会努力工作吗？

这些问题的答案必然是否定的，为什么？原因很简单，因为领导这样实在不公平。

通过这个假设，可以看出公平的绩效管理制度对员工的影响有多大。如果绩效管理公平，大家自然会遵守规章制度，努力工作，反之则会引起员工的怨言。所以当公司的管理者发现企业的绩效管理有问题时，就需要马上改进，使员工更积极地去落实公司制度，完成自己的工作。

【赢在落实】公司绩效不断完善非常有必要，在出现了不合理的奖惩时，会使员工产生消极情绪，无法更好地遵守制度，而只有改善绩效管理，才能使员工更好地落实工作和责任。

15. 确保收入与贡献成正比

如果要提高公司制度的落实力，就必须使个人能看到贡献与收入之间有联系，而且这种联系非常密切。贡献与收入成正比的薪酬体系，还有利于提高公司的生产力。

建立所得与贡献之间的正比关系，可以通过计酬方式来实现。它大致包括以下几种具体形式。

（1）计件工资。

一般而言，工作越努力卖出的越多，收入就越高。当然，更多的组织采用的是一种保底加提成的方式：即基本工资加上计件工资。

（2）提成方案。

主要适用于销售人员。各种形式的提成方案具有一个共性，即给予员工的报酬完全或部分依据员工的销售业绩。

（3）个人奖励。

个人奖励是员工因业绩优秀而获得的一次性报酬，它不能与劳酬相混淆。劳酬也是基于业绩的报酬，但它是每年持续的。

【赢在落实】使员工看到贡献与收入间的关系，无疑是促进公司制度落实的一个得力助手。这样做不仅使薪酬发挥更大的激励功能，也体现了劳动成果分配的公平性。

【制度样板】

福利制度

第一条 凡本公司员工皆享有下列福利:

⑴ 公司每月给员工派发两次水果，两次工作服。

⑵ 公司依员工在本公司的服务年资，给予其带薪年休假期。

⑶ 公司设有图书室、娱乐室、篮球场和羽毛球场，及举行各类比赛活动，以丰富员工业余生活；重大节日给员工加餐，每年举行一次嘉年华大抽奖活动。

第二条 公司按国家有关部门规定给员工办理暂住证、养老保险、工伤保险。

⑴ 暂住证的费用由员工本人负担。

⑵ 养老保险费用由员工和公司共同负担，负担比例以当地政府通知为标准。

⑶ 工伤保险费用由公司负担。

第三条 公司每天供应早餐、午餐、晚餐，费用由公司及员工共同承担。

第四条 员工宿舍水电费用，由公司及员工共同承担，按相关规定执行。

第十三辑

创造遵守制度的严肃环境，始终维护制度的权威

在一个时时、处处按制度办事的环境里，有人想破坏规矩、打破规范，显然比登天还难。公司实施制度化管理，必须坚持制度至上的原则，始终维护制度的权威，从而在潜移默化中培养遵照制度办事的员工。

1. 坚持“制度高于一切”

在一个组织里，无论是谁，无论权力多大，都不能破坏制度。规矩面前，每一个人都应该认真遵守。很多老板也强调制度化管理，但是他们在潜意识里却认为，所谓的制度化管理，就是订出一套制度来约束员工，自己不在被管辖之列。

实际上，制度化管理的目的是要避免人为的影响和干扰，无论是谁都应该按照制度所规定的原则去办事。因此，制度权威应该高于管理者的个人权威，当管理者的个人意志与制度相冲突时，管理者要服从制度。须知，制度是从公的、从众的，它的出发点只能是获取整体的效益，而绝不是服从其个体的效益和维护某些人的权利，所以它的建立和实施都必须以整体利益和众体意志为出发点。

由此看来，实施制度化管理就必须遵循制度至上的原则，确定制度的权威性。只有这样，才能保证公司得以稳定、健康的发展，才能谈得上制度化管理。

【赢在落实】在公司管理中，坚持“制度高于一切”，要让制度落实到位，必须先让制度具有最高的权威，任何人不得违背制度或规避制度，更不能凌驾于制度之上，尤其是“一把手”。

2. 制度面前，人人平等

作为公司管理者，必须时刻坚持“公平”原则，也就是对所有的员工都要一视同仁，决不能“厚此薄彼”。“公正”是管理与被管理者实现互信的基础和前提，也只有在公正基础上的管理举措才能最大限度地舞动管理魔方，带来高效的工作业绩和销售成绩。

对员工一视同仁，是调动公司员工工作积极性的前提。失去了公正，人心必然涣散，一切都无从谈起。“制度面前，人人平等”不仅指公司管理者对员工一视同仁，而且还包括管理者自己。规章制度是针对每一个人的，管理者也必须按制度办事。

【赢在落实】 子曰：“不患寡而患不均，不患贫而患不安。”作为一个成功的管理者，必须公平地对待公司的所有员工，只有在这样的情况下，他们才能积极地为公司效力，推动公司发展。

3. 坚持“事不过二”

想要让员工做到长期执行、自觉遵守制度规范这一点，公司主要是靠两方面的因素：一是对公司中工作人员的福利保证，二是珍惜公司的信誉名声。这两点中尤其以第二点为重要。

北京马克西姆餐厅开业时，法国前来工作的服务人员中有一位年轻的组长，工作经历丰富，面对不熟悉餐厅服务工作的中国伙伴们，不免有些骄傲，在工作中指手画脚，员工很难与他配合工作，大家对他意见比较大。在一次工作中他指挥上级，马克西姆的总负责人卡丹先生知道后，立即停止了他的工作，遣派回法国。

事后，卡丹曾开玩笑地说：“如果我的工作人员都犯上三次错误，公司早就关门了。”他的话虽说是开玩笑，但却说明了一个问题：在竞争中求生存是不允许失误的，哪怕只有一次，也很可能会断送了前程。

【赢在落实】坚决执行“自觉为主，处理从严”的方针，建立“事不过二”的制度实施环境。

4. 用制度约束权力

一切有权力的地方都需要对权力进行制约，否则就会造成权力的滥用。这是一条被人类历史反复证明了的客观规律。

真正实现管理者在制度下以身作则，仅靠其个人的觉悟与素养是不够的。任何一种权力，若是没有受到制约，把希望寄托在掌权者的道德自律上，往往是靠不住的。

德国著名古典管理理论学家、经济学家和社会学家马克斯·韦伯，是19世纪末20世纪初西方社会科学界最有影响力的理论大师之一，他认为，任何组织，其管理者的权力并非无限，都应受到制约。在公司管理领域，实现制度化管理，必须确定法定权力在公司组织体系中的基础及决定地位，使公司管理者的权力受到合理的制约。

【赢在落实】权力是一把插在剑鞘里的剑，剑鞘就像约束权力的一套制度体系，可以防止权力之剑伤人。

5.制度化管理不能只罚不奖

在现代社会，大多公司在管理上都试着采取制度化管理，虽然奖励和惩罚都可作为促进落实的有效手段，但两者的性质及其对人心理产生的影响却很不相同。

对员工进行惩罚时，员工首先想到的不是自我反省，而是对自身利益受损的恐惧和戒备。惩罚会造成新的不良行为，如说假话、瞒报事故等，过分的惩罚还会让人产生挫折感，损伤自尊心和自信心。

奖励是正面强化手段，即对员工的表现给予肯定，使之得到巩固和保持，具有吸引力、塑造力和感染力，能弥补惩罚的不足，减少惩罚的副作用。当然，这并不是说，公司对员工只奖不罚。根据具体情况，对需要改进的员工，进行适当的“鞭策”是必要的。但鞭策应注意适度，只要认为员工仍有通过改进达到要求的可能，适度的“轻责”，可以减低或避免因“重罚”而带来的负面影响。

【赢在落实】管理者在推行制度化管理时，采取奖励与惩罚相结合的原则。对于奖励和惩罚这两种手段的运用，要有主有辅，有重有轻，不可同等对待，平分秋色。只有这样才能收到双重激励的效果。

6. 对违规的人绝不手软

作为公司管理者，必须保证公司的各种规章制度得以贯彻落实，一旦发现有人违规，便加以惩治，绝不手软。应该采取以下三个明确的措施：

(1) 杀一儆百。

对于违规的员工，管理者须快刀斩乱麻，给予惩罚，并对其他员工示以提醒，起到震慑的作用。为此，要敢于杀鸡给猴看，保持权威。

(2) 一视同仁。

惩罚不能只针对最基层员工，也不能针对对管理者抱有偏见的人，而应坚持一视同仁的原则。

(3) 消除怨恨。

惩罚的目的在于教育。在执行纪律处分后积极地跟员工谈话，将有利于消除员工的苦恼和怨恨的情绪。

【赢在落实】 任何公司都需要一套完整的纪律规范，对于违反规范的员工，管理者要及时、适度地给予惩罚，决不能手软，否则会在日后公司的管理中出现若干的漏洞，后患无穷。

7. 管理者不要成为制度的破坏者

在工作中我们不难发现，公司管理者最强调制度，然而违背制度办事、破坏制度严肃性的也是管理者。

据国内某咨询公司调查问卷发现，百分之九十以上规则的首先破坏者，是公司的各级管理者而不是一般员工。尽管普通员工破坏规则或违反制度的行为也不在少数，但就规则破坏的人均数量和严肃性而言，管理者要比普通员工高出数十倍。由于管理者往往是规则的制定者，所以他们对规则破坏所带来的负面影响无疑是巨大的。

很多管理者口口声声说要搞制度化管理，自己却没有照制度去做，如何能搞好制度化管理？面对管理者“知法犯法”，员工大多心生反感，而在自己违反制度而受到惩罚时，心里会存有怨言。时间久了，员工会与公司产生离心力，制度化管理根本无从谈起。

【赢在落实】作为公司管理者，必须时刻提醒自己，不要既是制度的制定者，又是制度的破坏者。如果管理者亲自破坏亲手制定的制度，那么这种负面示范的效果将具有极大的破坏性，员工自然也对公司制度视而不见。

8. 公平公正最符合人情

在处罚违反规定的员工时，做到公平、公正是很重要的。现在说起 GE 公司，不得不提到雷杰·H·琼斯（Reginald-HJones），他曾任 GE 的董事长兼 CEO。他曾经在 GE 的一个下属公司作主管，发现一个叫彼得的员工经常精神不集中，错误不断。彼得向来表现很好，是公司中的骨干，琼斯了解之后发现，原来是彼得的妻子出了车祸，他要照顾妻子和孩子，因此工作不能专心。

按常理说，琼斯应该努力关怀员工，但他还是遵守制度解雇了彼得，他明白不能把同情和工作规章制度搅到一起。之后，琼斯通过自己的个人关系为彼得介绍了一份新的工作，方便他照顾家人。琼斯的做法是一举数得，既维护了公司制度，又帮助了员工。

要成为一个成功的老板，既要做到遵守制度规定，又要坚持公平、公正的原则，这最符合人情。

【赢在落实】韩非子曾说："凡治天下者，必因人情。"作为管理者，不能对制度的公平性有任何破坏。在此基础上，同时也要考虑人情。

9. 创造遵守制度的严肃环境

遵守制度的前提是创造遵守制度的严肃环境。一个严肃的纪律环境，对督导和促进员工的工作是相当重要的。要想创造这样一个环境，就要从以下三点做起：

(1) 公司领导者要乐于自律。

若要在激烈的竞争中得到发展，领导者需要有自律意识，坚持身体力行、以身作则，这样才能调动公司员工的工作积极性。

(2) 实施制度约束要一视同仁。

公司制度的制定是针对所有员工的，在实行管理时，管理者要一碗水端平，不偏袒任何一方。

(3) 正反典型教育人。

利用报告会、演讲会、座谈会等多种形式，向员工传达创造严肃环境的重要性。有针对性地进行正反典型教育，防患于未然。

【赢在落实】 创造遵守制度的严肃环境能够促使员工养成遵章守纪的良好习惯，进而使公司形成一股强大的合力，才能在市场经济的大潮中立于不败之地。

10. 该批评时绝不拖延

美国四星上将巴顿将军曾说过，对犯错误者应该立即责备。每当部下出现错误时，巴顿将军都会立即让他知道自己犯了错误。他曾说过："虽然在战斗训练中我不能杀人，但是我会让那些犯错误的人因我发怒而情愿死去!"

布兰查德和詹森在他们的畅销书《一分钟经理人》中这样说："要在错误发生后立即加以责备，你要明白地指出他们错在哪里，用坚定的口气告诉他们，你觉得他们错了。"

《一分钟经理人》告诉公司管理者们，面对员工违规的行为要及时批评，绝不能拖延。"及时批评"是可以马上制止也可以不是马上制止，视工作任务而定。但一定要及时，一般是当天，找个合适的环境给指出来。尽量不要当众批评，否则易产生"逆反"或"顶牛"的效果。

【赢在落实】作为管理者，当看到员工违反制度的行为后，要及时地给予批评，员工也会诚恳地接受批评而不会感到太大的压力，进而对将来的行为改善会有很大的帮助。若采取“事后算账”的方式，则效果会大打折扣。

11. 对制度的落实必须常抓不懈

对管理者而言，落实制度是一种能力。毛主席曾说：“抓而不紧，等于不抓；抓而不实，等于白抓。”一个公司制定了一系列的规章制度，大到厂规厂纪，小到作息时间。如果管理者缺少了落实的观念，那么，任何严格的制度，只能是一纸空文。

一个管理者的能力主要体现在两个方面，一是决策能力，一是落实能力。其中，后者更为重要。只有将决策和制定的制度落到实处，管理目标才能变成现实。

落实制度是将纸上的文字变为现实并执行的过程，会遇到各种困难和问题，这就要求管理者有持之以恒的精神。须知，所有的事情不可能“毕其功于一役”，必须有坚持不懈的韧劲和坚定不移的意志，目标一旦确定下来，就要咬定青山不放松，不达目的不罢休，始终保持奋发进取、迎难而上的精神。

【赢在落实】落实制度，既是工作态度问题，又是对待员工感情问题。优秀的管理者之所以受人尊重和信赖，是因为他们言而有信，严格按制度办事。事实证明“说得好不如做得好”，要想在员工心目中有地位、有威信，必须重实干、抓落实、求实效。

12. 实施惩罚也要按规矩来

制度规定实施违纪惩罚，必须坚持原则，而不能乱来。执行惩罚最好与违纪员工进行面对面的交谈，让他们明白其中的利害关系。

(1)陈清事实。明确地告诉员工们，他们的违纪行为造成了怎样的后果，让他们认识到其严重性。

(2)要求员工提出解决方案。你可以让他站在领导的角度上向他提出解决意见，会让他更理解你。

(3)确定解决计划。你可做一些有效的商讨，确定出一个切实可行的补救计划方案。

(4)进行惩罚。口头警告，书面警告，或是其他方式都可以，但一定要选择一个切实可行的方案。

(5)要求再次检查。确定的补救计划不能石沉大海，你需要知道它的执行效果如何。

【赢在落实】按制度办事，必须遵循一定的步骤。在对违纪员工进行惩罚时，也要严格按照规章制度来办。

13. 在制度落实上不做墙头草

公司的不断发展源于完善的制度和科学的管理，制度的生命力又在于严格的贯彻落实，如果对违反制度的行为不予以追究、惩罚，那么制度只停留在纸上。一些管理者在制度落实上就像一棵墙头草，面对员工的违规行为，只一味地宽容忍让，最终会造成严重的后果。

作为公司的管理者，如果对违反制度的人手软，则没有尽到管理者的责任。从管理的职能来说，不能按制度办事的人，就没有当管理者的资格。从个人能力来看，身为管理者，必须有自信和勇气，具备发现、纠正员工错误并使之积极向上的能力。只有具备这些素质的人，才能带领员工取得工作的高效率和高质量，进而保证达到管理目标。

总而言之，作为管理者，在制度落实的过程中必须要有自己的主见，果断执行。

【赢在落实】 在制度落实的过程中，管理者绝不能做墙头草，面对员工的违规行为必须果断施以惩罚。当然，惩罚不是为了泄愤，它的真正目的是维护制度的权威性，防止未来再次发生同类型事件。所以，管理者要时刻坚持制度原则。

14. 人情归人情，事情归事情

“人情”顾名思义就是人与人之间的感情，听起来是个温情脉脉的名词，但在公司管理中，它是一个极大的困扰因素。在不少公司常常出现这样的情况，有些老板眼前的红人违反了制度规章却相安无事。究其原因是老板顾及人情没有实施惩罚。这样只会使员工更加肆无忌惮，无视自己的错误，最终导致公司为员工的错误买单。

因此，作为管理者，如果不分场合，随意地施舍自己的人情，即使是出于一种好意，也会把公司送上“断头台”。员工违反了规章制度，就必须处罚，管理者绝不能感情用事。在此基础上，不仅要留住人，更要留着心，要从根本上解决问题。

【赢在落实】 在公司管理中，人情化≠人性化。规章制度是必须遵守的，违法的时候要严格按制度办事，绝不能人情化，坚决分清人情是人情，制度是制度，两者不可混为一谈。

15. 对惹是生非者绝不姑息

管理是协调、解决复杂人事关系的烦琐工作，那些爱挑拨离间、惹是生非的员工是最令管理者头疼的，他们无视制度的存在，搬弄是非，破坏员工之间的关系。但是要形成良好和谐的人际关系和工作环境，就必须解决这个问题，否则公司就成为了一个制造是非的地方，致使员工人心涣散，工作杂乱。

而要成为一个合格的管理者，面对爱惹是生非的员工绝对不能畏惧、退缩。对于爱惹是生非之人，需要特殊的方法对待，而且还得予以格外的注意，因为他们具有潜在的或者实际的破坏能力。他们能破坏人与人之间的友好关系，他们能在任何团体中制造混乱。

【赢在落实】一个公司里面如果有惹是生非的人，而管理者又不懂得驾驭他们的办法，定会鸡犬不宁，严重影响企业的工作秩序和工作效率。由此看来，对待惹是生非者，管理者绝不能姑息。

16. 官僚作风是落实制度的大敌

有人将管理归结为两个方面：一是制定制度；二是去有效地执行它。而完成这两项任务的最大阻力就是官僚作风。一般情况下，公司要整治官僚作风，可以注意以下几个方面：

(1) 创立平等的文化。

(2) 适应“扁平化组织结构”。

(3) 在组织机构设置上，应根据公司本身的性质、发展阶段以及外部环境的变化及时进行调整。

(4) 公开透明的绩效考核体系可以有效遏制官僚作风的滋生和蔓延。

【赢在落实】 官僚作风，注重的是表面上的功夫，并且公司规模越大，越容易滋生这种恶习。所以，管理者要提高警惕，带领公司员工踏踏实实地做事，不浮夸、不焦躁，才能提升自己的竞争力。

【制度样板】

奖惩制度

第一条 为加强公司经营管理，明确奖惩的依据、标准和程序，使奖惩公开、公平、公正，维护正常的生产秩序和工作秩序，鼓励和鞭策广大员工奋发向上，根据国家有关规定并结合公司的实际情况，制定本制度。

第二条 公司提倡奖惩制度与严格管理相结合的方式，在奖励上要针对员工对公司的贡献大小，采用不同的奖励形式；对违反公司规章制度，给公司造成经济损失和不良影响的员工，给予严肃处罚。

第三条 如有下列情况，公司将予以奖励：

(1) 个人业务、经营业绩完成情况优异者；

(2) 对公司业务推进有重大贡献者；

(3) 有重大发明、革新，成效优秀，为公司取得显著效益者；

(4) 对突发事件、事故妥善处理者；妥善平息重大客户投诉事件者；

(5) 为公司节约大量成本支出或挽回重大经济损失者；

(6) 预防灾害或救灾有功时；

(7) 获得社会、政府或行业专业奖项，为公司争得重大荣誉者；

(8) 超额完成工作任务者或完成重要突击任务者；

第四条 本公司员工的奖励分为:记大功、记功、表扬，视贡献大小而定。

第五条 具体奖励方式灵活多样，主要包括以下几种情况：

(1) 通报表扬；

(2) 奖励性假期；

(3) 发放奖金；

(4) 参加特定培训；

(5) 奖励性旅游；

(6) 出国考察。

第六条 对违反公司制度的各种行为，公司将视情节轻重、后果大小、认识态度程度等进行惩罚。

第七条 惩罚分为经济处罚和行政处罚。其中，经济处罚包括罚款、取消奖金；行政处罚包括批评、警告、记过、降职和辞退。

第八条 员工有下列行为者，处以批评的行政处罚，同时处以经济处罚。

(1) 不能及时、认真清扫自己的卫生区，办公区内凌乱，不整洁者。

(2) 接听电话不礼貌，使用不规范用语，影响公司形像者。

(3) 发物料人员不能及时清除办公区内包装物。

(4) 上班时间串岗聊天者，在办公区内打闹，大声喧哗者。

(5) 在办公区内、公司门口、走廊抽烟、扔烟蒂、扔废纸等垃圾者。

(6) 在食堂就餐，浪费食物，乱倒饭菜者。

第十四辑

落实拼的是速度和效率，打赢内耗治理这场硬仗

制度规定的事情，迟迟得不到落实，一个重要原因是当事人拖延，缺乏效率。既然制度规定好了，就要快速行动、落实到位，别让拖延症毁了你。

1. 有了任务马上去做

比尔·盖茨说过：“过去，只有适者能够生存；今天只有最快处理完事务的人能够生存。”有了任务及时去执行，及时去落实，不拖延不找借口，在积极落实的同时，使自己的能力和素质得到提升，也很好地维护公司的利益，

要公司快速发展就要不断提高公司的工作效率。唯有高的工作效率才能在相同的时间，做出更多的业绩。而高的工作效率又得依赖员工按时地执行工作任务。

像比尔·盖茨一样成功的职业人士，就是这样有效利用每一分钟、珍惜每一分钟，尽量把任务往前赶，而不往后拖，他们使每一分钟都具有价值。这样的人是高效率的人，更是实干的人，遵守制度的人。

【赢在落实】现在的社会已经不是“适者生存”，而是“快者生存”的时代，所以公司的任务职责就更不能推卸，更不能贻误，要积极准确地落实，这样在公司立于不败之地的时候，自己的价值也得以体现。

2. 赏识提高效率的行为

不少老板容易形成这样的思维定势：只要上班早来晚走、忙忙碌碌的员工就是个好员工，却很少有人关注他的工作效率及制度落实的到底如何。下面是几个改变忙碌现象、提高效率的小策略：

(1) 将员工安排在合适的岗位。要根据员工的特点、素质进行科学的安排，大才大用，小才小用。

(2) 让每个人了解他的工作对整体工作有何贡献。这有两点理由：一是员工明白了工作意义的重要性，会提高士气。二是了解自己工作有贡献的员工，一般不会浪费时间。

(3) 对事倍功半的员工，要给予关注。可以用关怀的方式告诉他，你所奖励的是成果，而不是汗水、冗长的时间。

(4) 不做唯程序主义者。有些事情需要灵活掌握，不必刻板，步步按程序办，这是官僚主义的通病。

【赢在落实】 老板应该赏识提高效率的行为，这对高效率员工和低效率员工来说，都是一种激励，利于强化员工的执行力，是公司发展的根本。

3. 剔除“互相扯皮”的文化

公司里琐事很多，情况也复杂，很难都落实到人，所以，互相推诿扯皮的事情很多，遇到事情，没人承担责任。这样一来，公司的规章制度就成为了一纸空文，连正常的生产管理都无法进行。对此，领导人要从下面两点入手。

(1) 责任到人，赏罚分明。因为担责任没什么好处，却有相当大的风险，功劳归不到你头上，出了事情，却一定有人千方百计地把责任推到别人身上。建立赏罚分明的制度，就能责任到人，建立个人的责任心。

(2) 建设负责的公司文化。制度是死的，人是活的，要搞好战略实施，战略制定、质量控制，首先要建设好公司文化，协调好各部门人员的关系。由领导人牵头，把工作理顺了，把人心理顺了，事情就好办了。

【赢在落实】公司内部相互扯皮，浪费的不仅是金钱，还有稍纵即逝的发展机会。所以老板一定要让每个人都有责任，这是落实公司制度的需要，更是一种人心的回归。

4. 做重要而不紧急的事

人的时间是永远守恒的，怎样能在有限的时间做更多有效的事情？答案就是永远做重要而不紧急的事情。

日常工作中，员工习惯于根据事情本身的轻重缓急，分出既重要又紧迫、重要而不紧迫、不重要但紧迫几种类型来，并采取不同的对策。这原本不错，但实际情况是，有很多重要而不紧迫的事，往往因为时间要求不太急，便一拖再拖，始终没时间去落实，甚至越拖越糟，以致到不可收拾的地步。

大凡能够在事业上做出卓越成绩的人，都是时间管理的专家。时间管理的出发点，在于学会处理事情的优先次序，先考虑事情的“轻重”，再考虑事情的“缓急”——也就是把时间花在做重要而不紧迫的事情上面。

【赢在落实】老板要时刻保持一种等不起的紧迫感、慢不得的危机感、坐不住的责任感，只有这样，那些重要而不紧迫的事情才不会陷入“说起来重要，做起来次要，忙起来不要”的窘境。

5. 人际矛盾因何而起

员工之间产生矛盾如何处置，是摆在公司领导面前的一个棘手的问题，它影响了员工对公司制度的执行力，搞不好会影响全局工作。老板在处理这种矛盾之前要弄清矛盾产生的原因是十分必要的。

(1) 处事策略不同产生矛盾冲突。

人们由于处理事情的方式、方法以及对问题所持有的态度与重视程度不尽相同，在很大程度上会导致人与人之间的矛盾。

(2) 责任归属不清产生矛盾冲突。

部门的职责不明，或每一个职务的职责不清，这样也会造成冲突。职责不清主要体现在两个方面：一是某些工作没有做，二是某些工作出现了内容交叉的现象。

(3) 价值观和利益不一致。

价值观和利益的不一致是冲突的一个主要成因。价值观是一个人在长期的生活实践中形成的，在短时期内是很难改变的，因此，价值观的冲突也是长期存在的。

【赢在落实】 作为管理者，处理员工人际矛盾最好的办法就是用事实说话，这样做的目的不仅会让当事人双方亲眼看见彼此的优劣，而且也会为他们提供更好的思想方法去有效地解决问题，从而使得公司制度得到更好的落实。

6. 处理矛盾的几个原则

处理员工之间矛盾的原则是老板能正确处理矛盾的依据和准绳。因此老板要把握其处理原则，具体说来，主要有以下几点：

(1) 要施加压力，限期改正。

在多次启发诱导、耐心教育的基础上，可以适当地采取一定的行政手段和组织措施，对员工施加一定的压力，让他们在一定的期限内，改正各自的缺点、毛病和错误做法，进而解决他们之间的纠纷。

(2) 要及时修订规章制度，灵活处理。

规则是死的，而人是活的。因此当员工之间因为规则的不完善而引发矛盾时，要认真总结，及时地对规则进行修订，而且在处理矛盾时不可太墨守成规，死搬教条。

(3) 要兼听而不可偏信。

俗话说："兼听则明，偏信则暗。"是说只有在同时听取两方面的不同意见的基础上，才有可能避免片面性，得出比较正确的结论。

【赢在落实】 当公司制定的一项新规章制度出台后，老板应通过员工的争论和各抒己见，找出其中的缺点和瑕疵，加以完善弥补。使公司制度在对立的冲突中，得到不断地修改、更新。

7. 解决部门冲突分五步走

冲突问题一旦出现就需要立即解决。许许多多的问题需要老板设计出至少同等数目的方案去解决。大量的实践证明，有一些步骤是解决部门冲突的必由之路，不妨把它们运用到工作中。

(1) 确定目标是解决意见不同这类矛盾的必要方法。

往往当员工们发现正在与自己争吵的对方原来也是为了同一个目的的时候，他的怒气就会消去很多，也更乐于接受和听取其他人的意见。

(2) 召集最能解决问题的人。

把双方的一些有影响力的人物召集起来，员工一般都是支持自己一方的权威人物，一旦他们的领袖做出决定，他们自然也会跟着做出让步。

(3) 以讨价还价的态度对待矛盾。

时刻保持冷静的态度看待问题，以商人的耐心慢慢地进行讨价还价，以商量的口吻与他人交流，以宽容的心灵同别人对话。

(4) 保持客观公正。

老板一旦以仲裁人的身份出现在办公室、谈判桌前，就要用心灵去观察整个事件，做到公正。

(5) 采取双方都有益的措施。

老板要以整个部门的集体利益作为标准，使自己在做决定的时候顾全到所有人的利益。

【赢在落实】解决部门冲突是公司管理者为确保公司利益的出发点。它可以帮助老板衡量得失、权衡利弊后下决心不姑息破坏公司制度而做出果断决定。

8. 处理矛盾心眼要灵活

并非所有的冲突都是不利的。有时，一些意见上的分歧是十分必要的。如果人们认为持异议或不赞同是一种很自然的事情，并且不是把争论看作一种威胁而是看作一种健康的行为，那么你的公司会因此受益匪浅。

例如，如果你的两名员工就某一问题的最佳解决方案争得面红耳赤，这时候你要表现出对他们这种认真态度和敬业精神的赞许，你可以得出一个实际可行的折中办法或者从一个特殊的角度来发现解决的妙方。

如果老板遇到那种个人之间的冲突，最好是单独私下里听听双方的陈词，但不要急于表态肯定谁或否定谁。当人在气急时可能会说出诸如：“我再也不会跟你反映任何事情”的话，因此老板要避免火上浇油的正面冲突。因为这样能够消除他的怒气，待事情冷落下来后，老板再就此做出决定，看如何使他们更好地相处来遵守公司的制度、实现公司的目标。

【赢在落实】工作第一，老板在处理矛盾时要对自己的调查能力、分辨能力以及自己的公正无私有绝对的信心，把握好解决的尺寸，灵活一点儿。

9. 掌握化解冲突的技巧

员工间发生冲突在公司是不可避免的现象。冲突有为公的，有为私的。无论是哪种类型的冲突，都是老板所不愿看到的，也是必须解决的问题。处理冲突不能简单地打压和放任，这里介绍一些处理冲突的技巧。

(1) 处理冲突要慎重。

调解部属之间的纷争往往十分棘手。对于一般分歧及个人纷争，老板还是不亲自出面为好，让他们自己解决。如果纷争涉及较重大的业务问题，这时，再出面调解。

(2) 处理冲突要中立。

无论处理什么样的冲突，老板一定要保持中立状态，不能有偏袒。偏袒只会使冲突激化，使人际矛盾扩大，冲突趋于复杂。

(3) 不能盲目上纲上线。

处理人际冲突最忌讳的就是拿出本本、条例大声诵读一遍，以显示你的公正性与合理性。这样员工只会嘲笑你的无能，而问题还是没有得以解决。

【赢在落实】 对于管理者来说，冲突是多样的，对冲突的处理也不可采用单一策略。要针对不同的冲突内容与程序选择相应的解决冲突策略。

10. 反映问题要走正常渠道

反映是领导者与员工之间，非正式渠道沟通信息的一种行为。它具体分为两种形式：

(1) 语言反映，就是面对面地谈问题。语言反映的情况正确而客观，对管理者的用人决策可起到促进作用；否则，就会干扰决策的实施。

(2) 书面反映，就是通过文字形式向上级谈问题。书面反映也包括匿名信和小报告等。书面反映会出现两种情形：一是客观提供有价值的信息，促使领导者及时做出正确的决策；二是提供道听途说的信息。

管理者不要因人们对匿名信和小报告的诋毁多于赞誉，而因噎废食，应重视和发挥它特有的功能。作为管理者，应把书面反映作为一种沟通渠道，进一步明确其程序以及事后处理的方式等，并避免书面反映成为诬陷、中伤的工具。

【赢在落实】反映问题其利弊、好恶不在信息的本身，而在于管理者能否鉴别和正确“过滤”这些信息。

11. 妥善处理各种“刺头”

管理者要区分不同的情况来处理各种“刺头”员工，不能用过激的方法将他们都开除，因为结果可能是你得到的是一个非常听话然而却平庸无比的团队，根本无从创造更高的管理绩效。

处理有背景的员工，最好的办法就是若即若离，保持距离，并恰当地运用他们的背景。

处理有优势的员工，老板如果善于辞令、善于捕捉人心理，就可以试着找他们谈谈心、做做思想工作。如果并不善于辞令，那么就要注意行动。在巧妙运用你的权力资本时，为这些高傲的家伙树立一个典范，让他们看看一个有权威的人是怎样处理问题、实现团队目标的。

处理想跳槽的员工，要注意以下一些原则：一是不要为了留住某些人轻易做出很难实现的承诺；二是及时发现员工的情绪波动，特别是那些业务骨干，一定要将安抚民心的工作做在前头。

【赢在落实】“刺头”的存在就像是一颗不定时炸弹，老板要妥善的处理，不要让这个“炸弹”毁了精心制定的制度。

12. 管理效率是最重要的

在优秀的企业中，办事人员精干、情报快、消息灵、效率高是惊人的。

首先要计划强，一切活动按正点运行；要注意机构精干，“人多是灾害”。一个人能办的事绝对不要两个人去办。

其次要纪律性强，规章制度严密。几乎没有上班迟到，下班早退这一现象。

有位资深企业家说：“开始做一项工作时，想掌握适当的时机，殊非易事。匆匆忙忙开始做，常遭败绩，当然有时也会意外成功。公司的工作也常有职员要求我快一点着手，否则会落后。碰到这种情形，不要慌。并非起步晚的人就不能成功。”

当然在公司中好多事情是需要雷厉风行、迅速处置的，这是一般的常理；也有一些事情千万不能着急，延期反倒更好。匆匆忙忙上马一项工作，往往常遭败绩。

【赢在落实】一位效率专家这样告诉人们节省时间的方法，他认为要提高管理效率，一定要时间观念强。说短话，开短会，办事效率高。

13. 处理好员工的不满情绪

公司日常生活中，员工会因为各方面的原因出现不满情绪。管理者处理好员工的这种情绪，对于推动制度的落实，鞭策员工成长，具有重要意义。

(1) 平复员工的情绪，用耐心倾听他的困难以及不满，然后根据情况深入分析，循序渐进地帮助员工改善思想和心情。

(2) 老板的声调、表情、身体语言均影响员工的情绪，轻松诚恳的语调，凡事用询问方式表达，友善的身体语言，对员工有一种安抚作用。

(3) 将问题定在一个范围内，避免东拉西扯地找出更多的问题来。同时站在员工的立场分析问题，再找解决方法。

(4) 不是每个员工提出的问题都容易解决，遇到棘手的问题，看看应否召开员工大会，以投票方式决定某些事项。但是前提是作出的决定不能影响公司的运作。

【赢在落实】 对于落实制度的执行力，员工是最重要的组成部分，只有化解员工内心的不满，才能团结好下属，提高整个团队的执行力，从而加速公司的发展效率。

14. 大事化小，小事化了

俗话说，冤家宜解不宜结，在公司制度落实的过程中，由于员工之间的出发点以及个人思想的不同，总会出现各种各样的矛盾。

为了化解员工之间的矛盾，提高制度执行的速度和效率，管理者应把握以下几点：

(1) 要暗中解决矛盾。每个员工都有爱面子的心理，私下解决就是给矛盾的双方保留了面子。

(2) 原则性和灵活性相结合。有些矛盾要防患于未然，有些矛盾可以事中控制解决，而有些矛盾可以让它量变到一定程度发生质变时再解决。

(3) 防止引火烧身。不要让自己卷进矛盾中，否则会把矛盾转移为上下级矛盾，丝毫不能公正解决问题。

(4) 对恶意制造矛盾者绝不能手软。故意制造事端者，甚至与外部勾结，找内部员工的麻烦者，要果断解决，坚决辞退。

【赢在落实】工作效率的提高有赖于制度落实执行力的增强，为了使员工能够协调一心，努力工作，管理者应该迅速解决员工矛盾，秉承“大事化小，小事化了”的原则。

15. 做一个公正的裁判

身为管理者，涉及到公司制度执行落实的问题时，常常要调解下属之间的纠纷矛盾。一个明智的老板，应该善于充当公正裁判的角色，当下属因工作引起冲突时，管理者不能表现出来倾向于任何一方，否则会引起另一方的不满。

(1) 不能佯装不知情，躲避下属之间的争吵，应该主动询问缘由，采取公正的方式来裁决。

(2) 耐心听完双方各自的控诉，在内心进行比较，然后再陈述自己的意见并下结论，做到有理有据，让员工心服口服。

(3) 平时要树立威信，必要时能有足够的威信制止争吵，及时跟员工进行沟通。

【赢在落实】 公司任何制度的制定，都不可能完全满足于所有人的要求，因此，出现争执是必然的现象。管理者在保证制度落实的过程中，要坚持公正的态度，解决问题把握好限度，从而赢得下属的忠心。

16. 一加一可能等于零

任何公司在用人制度上，都应该尽量安排地合理、协调。在数学中，一加一等于二，是正确的逻辑。但是在人事制度的安排上，如果调配不当，一加一不但可能会等于零，还可能得出负数来。

(1) 人事部门在调配干部时，除了考虑到每个人的个性、特点之外，还应该允许每个人在才能上有差异，分层次。

(2) 员工多了，内部就会出现固执己见，互相排斥的现象，此时应该适当地进行人事调整，避免发生摩擦，以达到相互协调。

(3) 管理者应该尽量把各层次的管理安排得更协调、更得当一些，使员工都能够步调一致，聚精会神地工作。

【赢在落实】想保证人事制度的落实到位，需要管理者之间团结，取长补短，全面考虑员工素质，进行合理安排，从而发挥团队最大的效力，提高公司实力。

17. 警惕公司中的各种传闻

《战国策》里有个《曾参杀人》的故事。曾子即曾参，是孔子的著名门徒。恰巧在他住的地方也有一名叫曾参的人。有一天，那个曾参杀了人，有人告诉曾子的母亲："曾参杀人了！"曾母不信，说："我儿子是不会杀人的。"说完依旧织她的锦绸。

过了不久，又有人来说："曾参杀人了！"她仍然不信，继续安心在织机上工作。又过了一段时间，还有人来说："曾参杀人了！"这次曾母终于动摇了对儿子的信心，害怕株连的她竟丢下手中的梭子，越墙逃跑了。

传闻刚开始时威力很小，但是在传播的过程中，经过人们的添油加醋，会导致很多后果。因此，在公司的管理过程中，应警惕各种传闻给公司带来损失。

【赢在落实】 制度的落实需要员工共同努力，在举荐制度中，管理者应该提倡在议论中识别和选拔好员工，在议论后使用优秀员工。

【制度样板】

公司内部投诉制度

第一条 为保障员工的合法权益和言论自由，本公司设置了投诉制度。当遇到被骚扰、被歧视、被虐待、被体罚或受到不平待遇，人格受到侮辱，或对食宿、工作环境等方面有任何不满或建议的，可以通过本投诉机制寻求解决。

第二条 投诉方式分为口头投诉和书面投诉。为了保障工人的权利不受威胁，公司同样也接受匿名投诉。

第三条 投诉的渠道有以下几种:

(1) 直接向上司提出;

(2) 向人事部提出;

(3) 向投诉委员会提出;

(4) 向工会提出;

(5) 将书面投诉意见投进意见箱;

(6) 直接致电投诉热线:×××。

第四条 有关管理阶层、人事部或工会收到投诉书后，统一交由投诉委员会解决。投诉委员会收到投诉书后，由主席根据具体情况召集委员开会讨论，视事件的真实性程度表决是否受理该案。

第五条 投委会表决通过受理该投诉案件的，由主席分配人员组成临时项目小组展开调查。经调查后如投诉事件属实的，则投委会根据公司规定对肇事者作出适当的惩罚。这些惩罚包括警告、记过、记大过、降级、免职或解雇。

第六条 自收到投诉案件日起，投诉委员会须于一星期内对该案件给予答复。答复将分以下两种情况:

(1) 书面答复:对于有署名的投诉将对该投诉人给予书面答复，并根据该投诉人的意愿决定是否公告该处理结果以示警戒;

(2) 公告答复:对于匿名投诉将通过公告给予答复。

第七条 如投诉者对投委会的处理不满意的，可以在一个星期内向最高管理人员 (董事会成员) 申诉，并写明申诉理由。公司会在一个月内对设诉人投予书面答复，并采取措施解决员工提出的问题。

第十五辑

绝对服从才有高效执行，制度面前不找任何借口

千百万个借口，就是千百万个拒绝有效执行的理由。面对制度的刚性规定，任何人都要绝对服从，千方百计按照要求执行到位。如此一来，才能在不找借口中成为高效能的骨干分子。

1. 总经理必须按章办事

澳大利亚新闻集团董事长罗伯特·默多克曾说过："我希望用以身作则的方法激励员工，或者用刺激的方法，提出一些颇具挑战性的观念，让人有参与感"。他在公司的经营过程中严格遵循这条制度，使得公司的发展十分顺利。

有制度容易，按制度办事难，让每个人都能按制度办事就更难，这是每一个公司经理人都了解的问题。因此说，在公司经营的过程中，总经理必须在做到对这些问题常抓不懈的同时，做到有章可循、违章必纠。

当然，对于每一个公司员工而言，都要自觉按规章制度来办事。但需要特别强调的是，总经理要起模范带头作用，以身作则，带头遵守和执行这些规定。

在执行规章制度时存在的一个不可忽视的问题是：执行者必须严肃认真。这种态度本身也应当成为一条纪律、一项制度。同时，对制度的执行情况还要定期检查。

【赢在落实】在公司的经营过程中，能不能按章办事决定了总经理有没有威信，决定了领导者能否把队伍带好，决定着公司的执行力和办事效率，也就意味着决定着一个公司的前途和未来。

2. 让员工无条件地服从

在战场上，军令如山倒，服从命令是军人的天职。面对军令，不管前面是万丈深渊还是刀山火海，军人唯有服从，没有半点退缩的余地。

在公司的经营管理中，老板带领大家决战商场，也要像在战场一样，确保员工无条件地服从管理和安排，决不能打退堂鼓。

每一个企业管理者都应该清楚地知道，服从应该成为员工的第一要务。如果一个下属不能无条件地服从上司的命令，这样的团队必将走向失败；反之，则能产生强大的执行能力，取得巨大的成功。因此，你要时刻记住："不找借口服从并执行的员工才是最好的员工"。

在军队中，军人向来以服从命令为天职，一个不懂服从的士兵绝对不是一个好士兵，同样一个不懂服从的员工也不会是一个好员工。

很显然，无数的公司因为员工的不服从、执行能力差而导致公司衰败，正是因为他们缺乏服从意识。他们之所以做不到服从，是因为他们经受不住考验，不能像军人那样为了服从，能够牺牲个人的自由和既得利益。

【赢在落实】现实中，有的员工很难驾驭，且行为非常极端，会做出一些有损公司形象和利益的事情。管理这样的员工，老板必须有点“手腕”，不能轻易对他们做出让步，否则他们只会得寸进尺。

3.“说到做到”的铁血规则

著名企业家史玉柱曾说过：“领导者用人，第一条是说到做到，建立信任，这是首要的前提，也是领导力很重要的一条。”

是的，君子一言既出，驷马难追；言必信，行必果，这是做人的学问，也是领导者驾驭职场的学问，作为一个成功的公司领导者，就应该避免这种情况，让“说到做到”成为自己的铁血规则。

(1) 以身作则，言行一致。

身教重于言教。领导者不要轻易做出你无法达到的承诺。人们都是希望相信别人对自己言而有信的，所以领导者自己的言行举止是最有说服力的，只有对别人做到言而有信，别人才能如此对你。正如甘地所说：“你希望在这个世界看见什么样的改变，你首先要做出改变。”

(2) 切忌只说不做。

只说不做，徒劳无益。领导者在公司的管理中，必须践行说到做到，并感染其员工，因为一次行为赛过百遍口念。

【赢在落实】 领导者起模范作用，引领员工做行为的巨人，语言的矮子，这才是一个公司飞速发展的王道。

4. 工作中没有“不关我的事”

在一个公司的经营管理中，员工必须要知道，工作中没有“不关我的事”，无论部门之间还是员工之间，或多或少都会涉及到其他部门或其他同事，所以，要在考虑本部门或自己工作的同时，更要考虑到其他部门或其他同事的工作，要明白各司其职并不是各自为政。

在一个企业里，如果人人都抱着“这不是我职责范围内的事情，我根本就不用操心”这样的态度去工作，那么，企业事务之间的连贯和衔接将如何保障？企业内部的共同目标如何实现？

社会在发展，企业在扩展，每个人的职责范围也会随之扩大，所以不要总以“这不关我的事”为由推脱责任。要知道，抱着“不关我的事”这样想法的员工永远无法真正将工作做好。

【赢在落实】 优秀的员工应该彻底摒除“这不关我的事”的思想，养成积极主动、认真负责的工作习惯。如果每一名员工都能做到这点，那么整个企业的工作效率就可以提高，节省大量的时间，从而降低经营成本，获得更多的利润，员工自己也会拥有更广阔的发展空间。

5. 给别人希望，不给自己后路

作为一个公司员工，当你在很努力工作，可结果却不被公司或客户接受时，你可能会做出怎样的反应或解释呢？

例如“我已经按要求做了。”、“我已经站在你的角度考虑了”或者“我已经尽了最大的努力了……”

但是无论如何解释，客户会退货，公司会严厉批评，甚至处罚你。当事情都做完了，无论你有一千个理由，你有一万个理由都不重要，重要的是这个事情的结果是什么！

因此，我们要紧记一个“结果原理”——我们是靠结果生存的，我们不可能靠理由生存，没有结果，我们就不能生存。

我们建议每一个公司员工，要注重培养一种新习惯：没有借口，只要结果，给别人希望，却不给自己留后路。

【赢在落实】真正要对目前执行问题负主要责任的，不是别人，正是员工自己。公司的效益会明显增加，声誉和知名度也会大大提高。因为，一个守信誉不讲借口的公司更容易受到大家的接纳和信赖！

6. 执行，不找任何借口

在企业里，员工接受了任务就意味着做出了承诺，完成不了自己的承诺是不应该找任何借口的。这体现了员工对自己职责和使命的态度。因为，态度影响行动，一个绝对服从的员工，必定是一个执行力很强的员工。

老板要想使员工拥有坚决的态度和对待工作认真负责的精神，就必须保持员工对自己和企业决策的信心，并清晰划分出员工的责任范围，以保证员工不用任何借口来为自己开脱，减少因责任不明产生的亏损和漏洞。

(1) 在制度贯彻中，各级人员必须严格按照实事求是的精神，做到有章必循，不各自为政；在处理上应执法必严，违法必究，不搞“好人”主义，迁就姑息。

(2) 在执行中，老板要以身作则，作好员工的表率；公司必须依靠员工，上下结合，不搞形式。

(3) 在总结时，对执行中发现的问题及时修订完善，不可将制度束之高阁。

【赢在落实】 对于一个公司员工而言，他们需要做的只有完全服从管理者的指挥，发挥好自己的作用，配合其他人，共同完成公司分配的任务。

7. 防止员工投机取巧

作为企业领导，经常会发现员工在工作中有投机取巧行为，归纳起来，通常有三种表现类型。

一是领受任务不坚决、不干脆，或者找一些理由推诿；二是交代任务时，员工虽然承诺了，也没有提什么条件，但他们却在工作中丢三落四，完成任务的质量很差；三是在工作后总结经验教训时，强词夺理，把名利往自己身上拉，把问题往别人身上推，表现得很不虚心。

为防止这些投机取巧的行为，企业领导应在全盘掌握员工情况的基础上，着力做好以下工作。

(1) 布置任务要选准人、交代清，无论安排布置任何一项工作，都应对所属人员的情况了如指掌，采取因人而异、择优使用的原则。

(2) 对员工要坚持高标准、严要求。企业领导布置任务时，必须严肃认真，一就是一，二就是二，来不得半点马虎。

(3) 领导者必须自身素质好、作风硬。作为领导，自身素质好、作风过硬，就能带动一大批员工。

【赢在落实】 如果领导有股要干就干好、干不好誓不罢休的劲头，久而久之，就会形成一种权威，那些善于投机取巧、敷衍了事的员工就会望而生畏，主动克服自身的缺点，不用多说、多交代就能够认真而高标准地去完成任务。

8. 一定要狠下心好好工作

不管是作为坚硬如铁的守卫者，还是抓住时机果断出击的进攻者，藏獒都有着一种超乎寻常的使命感，硕大的胸膛里只想着自己的工作和职责，一心一意、全力以赴地完成着自己的使命。这股狠劲儿，正是在职场上打拼的员工们所必需的。

对于职场人来说，工作不仅仅是混口饭吃，经营好自己的事业才是正道。因此，在工作中，务必要有一股干劲儿，彻底执行，做到最好。

比如，上司期望你自觉地执行他的指示。问题是，在执行上司的指示时，可能会与自己的某些利益发生冲突。这时，优秀的员工会舍弃暂时的利益，全力以赴做事，增加经验。

【赢在落实】员工在职场里做事，不能混日子，要把每一天的工作当作训练，要狠下心好好工作，提升自己的能力，增加经验，迎接未来某一时刻的职位跃进。大多数人都认为尽自己的能力完成分配的任务，对得起自己的薪水就可以了。但是，这还远远不够，要想取得成功，必须付出更多，才能获得更多。

9. 出了问题不要找理由

工作本身就意味着责任，只有勇于承担责任的员工才是企业真正需要的人。在工作中，不要随便找理由推卸自己的责任，如果习惯了动不动就找借口来为自己开脱，那这样的员工永远没有成功的可能。

每个人都不希望在工作中出现失误，但是“人非圣贤、孰能无过”，人不可能不犯错误。如果错误发生时，其中的部分原因是因自己而起，就应该努力承担，并弥补错误，这样才能给人一种负责任的印象，有利于建立良好的人际关系，反之则会使自己的工作陷入无助的境地。

作为一名员工，在工作的时候，只要不把借口摆在面前，就能够尽职尽责，把工作完成得很出色；只要以“只要责任、拒绝借口”来要求自己，就会跨越工作中的任何困难，工作自然也会达到一个梦想的高度，能力也会在无形之中得到提高。

总之，在工作的过程中，要想赢得他人的信任，成为一个敢于负责任的人，就必须改掉推脱责任的坏习惯。犯了错误有什么理由要解释时，你自己首先要反省。

【赢在落实】聪明的员工，就在于会勇于承担自己的责任，积极地寻找并把握谋求企业利益的机会。也只有这种员工，才是领导心目中值得栽培的人才。

10. 在平凡的岗位上尽足本分

作为一名员工，无论你现在做什么，无论自己的岗位多么平凡，都要重视自己的工作。也许，刚开始的你并没有因此而获得可观的收益，但是只要你坚持下来，你就会发现，你的能力因为重视工作而得到提升，你的思想因为重视工作而得到升华，你的事业因为重视工作而得到发展。

可以说，工作在本质上并没有优劣之分，坚守自己的本分和岗位，自动自发地去把工作做到位，就是做出了最大的贡献。

所以，任何工作都应认真对待，不要以为自己不做自会有人来做，不要以为有点小瑕疵不会影响整体，也不要以为自己不负责不会被人发现，不会对企业有什么影响。这些想法都是自欺欺人，到头来损害的不只是企业的利益，自己也会因此而丢掉手中的饭碗！

高楼大厦是由一砖一瓦垒砌而成的，所有伟大的事业也都是从平凡的工作做起来的。很多人渴望证明自己的优秀，却总是停留在梦想阶段，而不是从基础的工作做起，从而失去了很多展示自己才华的机会和走向成功的契机。

【赢在落实】在平凡的岗位上尽足本分，打好基础，才能让事业一帆风顺！

11. 不要把问题留给领导

工作中遇到问题是不可避免的，遇到问题该怎么办呢？很多员工的想法是把问题推给别人，他们有时会向同事请教，但更多时候是推给领导。他们做出一副苦恼的样子，把问题带进领导的办公室，然后低着头等待领导提出解决办法，等他们离开时，并没有带走问题，而是把问题留在领导那里。

要知道，在企业里，领导是为企业制定发展战略的人，是负责企业整体管理的人，而不是问题的汇总站。领导之所以聘请员工，就是为了让他们为企业解决问题，给企业作出业绩。

所以，在工作的过程中，要随时提醒自己：把问题留给自己，把结果交给领导。做问题的终结者有利于提高工作效率和责任意识，充分发掘自身潜能，从而将工作做到尽善尽美，创造出卓越的业绩。

作为一个合格的员工，在遇到问题时，要做到以下几点：第一，遇到问题，拒绝借口；第二，相信自己；第三，立即行动；第四，全力以赴。

俗话说："世上无难事，只怕有心人"。在这里我们所说的"有心人"其实就是指做事情尽自己最大努力，发挥自己的全部潜力把事情做成做好的人。

【赢在落实】员工只要学会想尽一切办法、穷尽一切可能去努力，那世界上就没有"天大的问题"，仅有不够努力造成的失败和遗憾。

12.“套”出下属的真心话

一般地，下属对上司总有一层顾虑，这层顾虑往往使上司向他了解情况时，不敢说出真话。而作为领导，如果不能了解下属真正的需要，即使他为此做了不少事，也仍然达不到最好的效果。

因此，作为领导一定要善于发现下属心中真正的想法。如何才能了解下属的真正心思，消除下属的一些顾虑呢？在与下属交谈和沟通时应从以下几点加以注意。

(1) 和下属的谈话不宜直截了当地去提问，特别是一些敏感的问题，你得委婉而巧妙地去问，这其中也有相当的技巧。

(2) 你应该尽量做一个合格的倾听者。下属说话的时候你仔细地听，他不说话的时候你仔细地想。你会发现，要想成为一个合格的倾听者，耐心始终是必要的。在耐心细致地倾听下属谈话的时候，你已经打开下属的心扉，他们也就撤除了心理防线，这是对员工的尊重。

(3) 作为领导者，你要鼓励他谈自己，并问他一些问题以便启发他开始谈话，努力从别人的利益角度谈话，这样你就容易发现他需要什么。

【赢在落实】“套”出属下的真心话，能够做到无障碍的沟通与交流，对于企业管理者来说是一件非常有利的事情。它可以帮助管理者更好地管理员工，也将促进员工更加卖力为公司服务！

13. 人员出差必须按章办理

精细管理工程创始人刘先明曾说过：“成功的企业背后一定有规范性与创新性的企业管理制度在规范性的实施”。一个公司企业制度的完善影响着其一生的发展，当然，我们所指的制度中不只包含上班制度，其实出差制度也是必不可少的！

总经理对出差人员管理时，应注意以下两个问题：

(1) 提高出差效率。许多业务员的出差计划和其实际的出差行程差之千里，不了解市场，工作方向不明确，工作无计划，只是凭着感觉东一头西一头乱撞，随机性拜访客户，根本谈不上什么效率，费用花了不少成效却不大。

(2) 掌握出差计划的制定规则。提高出差的效率，让年度出差计划有科学，必须明确规则。首先要确定方向，不走冤枉路；其次，业务员做好工作执行计划，加强时间管理；再次，公司高层要做到奖罚分明，令行禁止，学会授权。工作方向明确，再辅之良好的工作方法，出差管理就成功了一半。

【赢在落实】企业管理者如若做到了以上两点，做到适时适度调节员工时间，必将促进公司的正规化发展，也将为公司带来一定的经济效益。

【制度样板】

请假休假制度

第一条 本公司以下列假期为例假日 (以国家劳动法为准)，如若因工作需要经与工人协商后可照常上班，但需按国家规定以加班计算。

⑴ 每星期六、日 (双休日)；

⑵ 法定假期：元旦、春节、“五一”国际劳动节、“十一”国庆节；

⑶ 其他经公司决定的休假日；

⑷ 法定假期如适逢星期六、日，在其后工作日给予补假。

第二条 员工请假分为下列四种:

⑴ 事假:因事必须亲身处理者，可以申请事假；

⑵ 病假:因病治疗或休养者应具特约医院或公立医院证明可申请病假；

⑶ 工伤假:因工负伤者可申请工伤假；

⑷ 产假:凡在本公司工作持有结婚证，准生证的女职工，可享有九十天的带薪产假。

第三条 请假人员须依以下程序请假:

(1) 事假、病假请假一天以上不满七天的，须提前一个星期申请请假；

(2) 事假、病假请假一个星期以上不满一个月的，须提前一个月申请请假；

(3) 事假、病假请假一个月以上不满三个月的，须提前三个月申请请假；

(4) 申请病假须具特约医院或公立医院证明，申请工伤假须具备人事部的“工伤报告证明”；

(5) 如因突发病临时请假时，事后也须提供医院证明。

第四条 请假人员必须依以上程序到人事部填写请假表，并提交所需证明，经部门主管及经理厂长批准后方可生效。

第五条 未经上述正式程序请假，擅自旷工 24 小时者，应于次日作出书面解释并提交书面请假申请书，再由公司根据具体情况作出处理。

第六条 年休假：本公司依其在本公司的服务年资，可分别给予年休假，具体如下：

(1) 凡在本公司工作满一年以上未满五年者，可享受带薪年假 5 天；

(2) 凡在本公司工作满五年以上未满十年者，可享受带薪年假 7 天；

(3) 凡在本公司工作满十年以上未满二十年者，可享受带薪年假 10 天。

第十六辑

无情的制度，有情的领导，找到制度化与人性化的结合点

制度是无情的，领导者必须严格按照规定办事，下狠心去做，才能让公司在残酷的市场竞争中活下来、挣到钱。另一方面，还要注重人情与人性化管理，从而聚拢人心。对领导者来说，把绝情的制度管理与有情的领导艺术融合在一起，用最剽悍的狼性呼唤最温柔的人性，才是公司管理的大道。

1. 左手制度化，右手人性化

在领导者眼中，下属是人还是机器？这个问题直接关系到领导者采取哪一种管理方式，并能取得怎样的效果。对此，大多数领导者和主管的答案都倾向于前者，毕竟以人为本的概念已深入到这些企业管理者的心里了，但是也有一部分人例外。

有的主管认为下属像一部机器，开动它的时间应由自己做主，要它什么时候停就什么时候停，绝对没有一点商量的余地。有这种思想的主管不会得到下属的爱戴；另一方面，下属长期处于紧张状态，对于提高工作质量及效率都没有好处。

因此面对企业发展的现实，我们提倡采取“左手制度化，右手人性化”的企业管理方针，在强化制度的同时给予员工最人文的关怀，双管齐下，只为达到公司发展这一个目的。

企业应该把制度化的“硬管理”同人性化的“软管理”有机地结合起来，实现管理的优化，共同推动企业的发展和腾飞。

(1) 制定制度要以人为本。制度管理是一种硬性的管理，但硬性的管理制度要体现“人性化”。

(2) 对制度进行不断的修改和完善。制度必须保持一定的稳定性，但稳定是相对的，世界是瞬息万变的，唯一不变的就是一切都在变化。

(3) 做到“制度无情人有情”。制度是所有人必须遵守的，但制度之外，企业也可以实施人文关怀。

【赢在落实】在企业管理中，加强制度化管理的同时体现人性化管理，使二者有机结合起来，既能使管理更加规范，又能调动员工的积极性，这样企业就能在良性的轨道上健康发展，员工也能更好地实现自我价值，从而达到企业和员工的双赢。

2. 制定和落实制度要以人为本

众所周知，制度是影响现代社会和现代人的生存的重要资源，是支配现代社会的根本而又优先的力量。对于一个企业来说，制定和落实制度非常重要。

制度的类型有很多，有些制度能引导公司向善，有些制度可能是无济于事，有些制度甚至是胁迫人们从恶。制度的双刃剑作用表明，制度在设置、安排以及落实过程中必须贴近人性，而制度设计的逻辑起点要建立在以人为本的基础之上，这样的制度才是正义的，在落实过程中也才更顺利。

在企业管理领域也一样，无论是制定制度还是落实制度，都要以人为本。在制定制度时，需要从尊重人和爱护人的角度出发，使制度合乎人的实际、关注人的态度、体现人的意志、表达人的愿望。在落实制度时，要充分尊重人的感情、顾及人的尊严、不伤害人的合法权益甚至生命。

【赢在落实】以人为本的管理和领导，才能将管理融入到企业制度管理之中，更好地激发员工的内在潜力。

3. 近人情而严执行

韩非子曾说：“凡治天下者，必因人情。人情有好恶性，故赏罚可用”。对于一个管理者而言，公司便是天下，那么，在面对员工错误和失职时，在处罚违反规定的下属时，做到近人情而严执行，公平、公正是很重要的。

管理者在面对员工的过错时，首先要弄清事情发生的来龙去脉，不可冤枉员工；其次，处理问题时要做到公平、公正、客观；再次，在充分为员工考虑的同时严格按照规章制度执行，不能失了分寸。

对于一个公司管理者而言，如果在面对员工问题时，能够做到近人情而严执行，严格遵守公司的规章制度办事，既能够得到大多数员工的信服，更能够督促和鼓励大多数员工自觉遵守制度，提高工作积极性。

【赢在落实】 公司管理者“近人情严执行”的管理策略，是一举数得，既可以帮助员工知错后改，又可以警示其他员工，同时维护了公司的运行秩序。

4. 尊重是人性化管理的根本

什么叫“人性化管理”？简单地说，就是把人当做人来管理，而不是当成机器来管理。

要知道，人人都有追求自尊心与心理满足的需要，每个员工也都有其重要性，因此一定要尊重每个人，只有这样大家才能在一起很好地合作，管理者和员工之间才会有良好的互动。如果有一方被轻视了，双方的沟通就不会有好结果。

显然，如果管理者不重视员工的感受，不尊重员工，就会大大打击员工的积极性，使他们仅仅为了获取报酬而工作，落实力也大大被削弱。这时，懒惰和不负责任等情况将随之发生。肯定个人尊严，充分尊重员工是人性化管理理念的本质体现。

如果不重视员工的感受，不尊重员工，就根本谈不上真正的人性化管理。只有员工的个人身份受到了尊重，真正感到了被重视，做事情才会更加用心，才愿意站到企业的立场，主动参与探讨和落实工作，心甘情愿地为企业付出。

对员工来说，他们在内心深处都渴望得到领导的重视和尊重。他们认为，在地位上的差异他们能够接受，但在情感上却希望自己的贡献、自己的价值能得到认可。

这种认可的体现就是在企业中能得到别人的尊重，尤其是上级领导的尊重。一旦这种希望得到实现，他们的内心深处就会产生一种“不负使命”的责任感，工作意念和干劲儿就会促使他们尽力落实目标。

【赢在落实】上下级之间的相互尊重是一种强大的精神力量，它有助于企业员工之间的和谐，有助于企业团队精神和凝聚力的形成。

5. 违逆人性的东西不会长久

从人的本性来看，如果逆反人性就会遭到反抗。如果上级苛刻地对待下级，下级就不会服从上级管理；下级不服从管理时，上级只好用惩罚的手段来强迫下级服从，这样管理就复杂化了。

作为企业的管理者，在面对员工问题时，应注意以下几点：

⑴多听听员工的意见。

公司制定规章制度、发布命令之前，要多听听员工的意见。据此作出决策，才能得到大多数人的认同。

⑵学习其他公司的成功经验。

成功的公司在管理上经受了时间的考验，往往符合人性规律，因此老板要有拿来主义的精神，为我所用。

⑶老板要懂心理。

杰克·韦尔奇：“作为公司的领导人，你可以不懂财务，不懂专业知识，但是你不能不懂心理学，否则就不会成为一名卓越的老板。”可见，顺从人性，很大程度上是符合人的一般心理。

【赢在落实】公司管理者制定的规章制度要符合人性，整个企业队伍才能获得持久发展的机会和无限的动力。

6. 点准“死穴”，触动心灵

面对员工的错误，管理者并非只需要采取简单的处罚，而是该抓住该员工的“死穴”——员工在工作上最关心的地方，在惩罚前“点”他的“死穴”，点其“死穴”，激发上进心，以后就不会再发生类似的错误了。

“放弃是失败的表现。如果你不能令员工改进，变得更有生产力的话，你注定是一个失败者。”要知道，作为管理者，学会艺术地惩罚，就能达到令员工改进、变得更有生产力的目的。

在处罚时，点准员工的“死穴”，便能更好地唤起员工发自内心的自省和反思，从而激起了更强烈的工作热情和事业心。惩罚产生的压力与尊重关心产生的引力同时作用于某一管理对象，那就能使他既能自我约束，又有强大的内引力。

【赢在落实】企业管理者的处罚能让员工心服口服，乐意接受，才能达到处罚的真正目的，也才能从真正意义上推动整个公司的发展，这才是真正的惩罚的艺术。

7. 用兵要狠，爱兵要深

众所周知，带兵行军之道有这样一条格言，“用兵要狠，爱兵要深”。实际上，两者丝毫也不矛盾。“狠”更多指的是大胆任用，说到做到要放手让他们开展工作。当然，人都是有懒惰意识的，在适当的时候，就必须对他们给予点拨，否则，他们就会停顿继而反抗。如果男人过于宽厚，在某种程度上似乎就耽误了他的前程。

“用兵要狠”的同时，还必须有“爱兵要深”这一条。只有“狠”而没有“爱”，就会把兵当成自己向上爬的工具，只有“严”而没有“爱”，就会使人怀疑你“严格要求”的动机。

所以，管理者务必要有大将风度。千万别在这个问题上“小家子气”，你的心胸不够宽广，下属还能有什么魄力。在这个意义上讲，管理者能够管理好一个企业是很了不起的，因为他要考虑的元素太多了，当然，要想管理好，就必须掌握好以下几个环节：

(1) 适当时动动刀子。让员工心里产生警戒，促使其更加尽心尽力的工作。

(2) 勇于承担自己的过失。给员工一种勇于负责、有气度、心怀宽广的形象。

(3) 要恩威并施。要让员工知道你是爱他们的，关心爱护员工，他们肯定会给予足够的感激和报答的。特别是处于危难的关头，管理者一定要为他们设置好一顶顶保护伞。

【赢在落实】爱是尊重，是信任，是对员工困难和愿望的体贴，是对他们发展和进步的真诚的关心。在他们困难的时候，能帮助他们解决，一定要帮助；在他们有危难的时候，能保护的时候，一定要尽力保护。反而，就会叫员工寒心，这样管理者就会失去员工拥护的心，使得自己陷入孤军奋斗的局面。

8. 感情投资帮你赢得人心

对于人心，唐太宗李世民有这样一句精辟的论述：“水可以载舟，也可以覆舟。”在古代中国，他对于人民群众力量的认识，能达到此种境界，真是不容易。

当然，这种用感情投资来赢得人心的方式，远比刀光剑影的威力巨大得多，在现代企业管理中同样发挥着巨大的作用。

企业管理者能够有效运用好感情这一手段，是企业实施人性化管理的很好选择。实践表明，用情感投资的方式对待员工是对传统物质激励所存在的弊端的一种弥补，它能使激励手段更完善，效果更明显。从一定程度上说，员工的能力大小与管理者对他们的感情投资的多少是成正比的。

首先，对员工进行感情投资，可以有效地激发员工潜在的能力，使员工产生强大的使命感与奉献精神。得到了管理者感情投资的员工，在内心深处会对管理者心存感激，认为领导对自己有知遇之恩，因而“知恩图报”，愿意更加尽心尽力地工作。

其次，对员工进行感情投资，会使员工产生“归属感”，而这种“归属感”只是员工愿意充分发挥自己能力的重要源泉之一。如果得到了来自管理者的感情投资，员工的心理无疑会安稳、平静得多，所以便更愿意付出自己的力量与智慧。

再次，对员工进行感情投资，可以有效激发员工的开拓意识和创新精神，鼓足勇气，不会“前怕狼后怕虎”，所以工作起来便无所担心。如果管理者能够对员工进行感情投资，建立越充分的信任感、亲密感，就会越有效地消除员工心中的各种疑虑和担心，从而更愿意把自己各方面的潜能都发挥出来。

【赢在落实】现代的企业管理者若想创造出辉煌业绩，赢得员工的拥护，就要真心地关心员工，以赢得人心。

9. 把下属看作“圈里人”

作为公司管理者，必须深刻认识到这一点，员工渴望和公司紧密相连。他们希望和公司的关系不仅是一张工资单和福利待遇，希望深入到公司内部，最好成为“圈子内”的人。怎么知道公司已与员工们取得了这种密切联系呢？下面是一些明显的表现特征：

(1) 和员工交谈时，对方能畅所欲言。没有沟通障碍、语言隔阂，表明双方的关系非同一般，在心理上也得到了彼此认同。

(2) 员工能及时知道有关本部门和公司的重大情况。通过掌握信息的速度和广度，员工能够判断自己是否被当作了“自己人”。

(3) 交流能使员工积极承担义务而不是仅仅服从指挥。员工如果感觉不到和公司心心相连，就不会竭尽全力。

【赢在落实】公司管理者，要想赢得员工的忠心，就要让他们成为圈子内的人，而这种结果的产生途径便是与他们多交流，多沟通。

10. 人性原则要在制度约束下使用

现代社会是一个多元化的社会，是一个民主与法制的社会，以人为本的人性化管理思想已经渗透到社会的各个层面。因此，我们在实践中必须顺应历史发展的趋势，实施人性化管理，促进员工的全面发展和公司的发展壮大。

但是，作为一名企业的管理者，必须要清楚地是，人性化管理绝不是不要制度，没有制度的约束人性化无从存在。强调尊重人性，旨在改变传统的“压制”管理方式，并不是说可以放松制度的约束。如果把“人性化管理”与“制度化管理”对立起来，简单套用对人的关心、尊重等人性化管理方法来进行管理，排斥了制度管理的基础性作用，在“只讲人情，不讲制度”的管理氛围中，企业的规章制度就会被随意践踏，企业也无法正常运转。这样的管理根本不是人性化管理。

制度是一个企业的“法”，必须依“法”治企。制度化管理是必需的、最基本的，离开制度，其他的管理就无从谈起。从词义上来看，“人性化”是一个定语，也就是说，要在做好制度管理的基础上，才能谈人性化。

人性化管理的基础是制度建设的完善，是严格管理前提下的人性化，是管理的高级阶段，是管理理念的升华，它绝不能脱离管理的科学和严谨性而独立存在。

人性化管理的出发点是尊重人、理解人，其基础就是在制度面前人人真正平等。也只有实行制度管理，企业才能发展，才能使员工看到希望，才能体现对员工价值的尊重。制度虽然限制了某些人或某些方面的自由，但制度保证了企业目标的实现，只有企业目标实现了，员工的利益才能得到保障。

【赢在落实】人性化管理要在制度约束下实施，人性化管理需要科学合理的规章制度作为行动指南来引导方向和规范行为，否则抛开制度的纯人性化必然变成“人情化”、“任性化”。

11. 与员工建立朋友式的关系

公司管理者的职责是什么？带领队伍稳扎稳打、步步为营，离不开互信、互助的团队。为此，老板必须与员工建立和谐融洽的、朋友式的合作关系。

那么如何同员工建立起和谐融洽的关系？最好的办法就是以朋友的身份与他们打交道，与下级平等相处。其实，任何一位管理者走上创业之路，都离不开朋友的帮助和提携。

当队伍越来越大的时候，管理者还要和员工继续保持这种亲密关系。如果把每个员工都变成真心朋友，那么这家公司必然极具向心力，所向披靡。

【赢在落实】管理者要知道，即使公司做大了，管理的心态也不能改变，始终要与每个员工和睦相处，建立朋友式的关系，才能得到拥戴，才能有权威，说话才能灵，也只有这样，才能推动公司更好更快的发展。

12. 不能用感情代替原则

在公司的管理过程中，有一种倾向应该注意，有些管理者把同员工建立亲密无间的感情和迁就照顾错误地等同起来。对员工的一些不合理，甚至无理要求也一味迁就，以感情代替原则，把同事间纯洁的工作感情庸俗化。这样从长远和实质上看，是把员工引入了一个误区。

管理者必须清楚地认识到，用放弃原则来维持同员工的感情，虽然一时起点作用，但时间一长，害的不只是员工，害的也会是自己。

管理者在交往中要廉洁奉公，要善于摆脱“馈赠”的绳索。无功受禄，往往容易上当，掉进别人设下的圈套，因此会授人以柄。

管理者在交往中，要注意自己身边员工的状况，从实际情况来看，管理者的行为在很大程度上受制于其贴近的人，这些人对于管理活动中，既有积极作用又有消极作用。平时，管理者在一些事情上是依靠他们实现管理的，而他们又专靠“别人”的帮助，来完成管理者的委托，于是就出现了“逆向”的情况。管理者周围的人可直接影响管理行为，而“别人”又可左右这些人的行为，时间一长便形成了一条“熟人链”。

显然，这些人不仅向管理者表达自身的需要，而且还时常要为“别人”办事，这也增加了制约管理者因素。

【赢在落实】 管理者应该注意身边人的制约，不仅要调整好与他们的关系，而且要注意经常改变他们的人员结构，提高他们的素质，避免给自己的工作增加阻力和困难。

13. 管得过严会压抑积极性

作为一名公司管理者，你的任务就是管理、支配和宏观调控，对于有很多事只要告诉员工事情的结果就可以了，不必告诉全过程。如让员工推销一批商品，主管只要告诉他销售定额和经济合同法一些知识就可以了，没必要告诉他到哪家商店去，进门怎么说，出门怎么道别。叫部下编制一套管理软件，只提要求就可以了，没必要告诉他使用哪种语言、怎么编。管理到一定程度就可以了，过度的管理反而弄巧成拙。

首先，过度管理妨碍部属积极性的发挥。员工失去了参与和发挥潜能的机会，势必挫伤积极性。时间一长，就会养成不动脑子、一切依赖领导的“阿斗”作风。只有没有进取心的员工才欢迎这种领导。

其次，过度管理不利于培养锻炼员工的实际工作能力。这不利于部属成长锻炼，不利于提高部属工作能力。因为人不在大风大浪中摔打一番，是不会成熟提高的。一般来说，主管的水平、工作能力要比部属高，指令也科学、合理。

管理者过细的指令使部属少走许多弯路，可部属绝对感受不到主管为开辟捷径付出的代价，或者说，员工感受不到通向捷径路上的荆棘坎坷。没有这些感受，员工就是没见过世面的“弱智儿”。

【赢在落实】管理者管理过严会压抑员工积极性，所以在管理的过程中，一定要采取适度原则。

14. 克服沟通中的心理障碍

李嘉诚曾无数次提到：“懂管理不如懂心理，了解员工的心才能更好地把握他们的人。”提高沟通能力，最重要的就是要克服沟通中的心理障碍。

(1) 认知不当导致沟通障碍。

老板评价一个员工，不能只看第一印象，更不能看短期的表现，要注重对方的长期实践，关注人的成长性。

(2) 情感失控导致沟通障碍。

人总是带着某种情感状态参加沟通活动的。老板发布命令的时候，必须注意员工情绪状态是否良好。

(3) 态度欠当导致沟通障碍。

态度是人对某种对象的相对稳定的心理倾向。除认知成分、情感成分外，态度还包括行为成分。今天，员工绩效的大小不仅仅与能力、才华有关，更与态度紧密相连。

【赢在落实】 一个沟通能力蹩脚的老板，注定领导力不强、信息能力弱化，在管理上也会捉襟见肘。先做个沟通高手，才能是个管理能手。

15. “人性化”不等于“任性化”

不少企业都在大力推行人性化管理，取得了很好的效果。但也有一些企业陷入了误区。企业加强制度管理，严格考核，严格按操作规程操作，就有员工认为太死板，不近人情，违背了人性化管理。这几乎成了一些不严格遵章守纪员工的挡箭牌，他们把“人性化管理”当成了一个大箩筐，什么都往里面装。

不只是员工，有的企业管理者也对人性化管理的认识存在偏差，在管理实践中将“人性化”异化成没有原则的宽松管理和对员工的一味迎合。一些管理者为了体现管理的人性化，以宽容代替处罚，以表扬取代批评，不知不觉中把“尊重人”异化为“不得罪人”，工作上只讲人情，不谈原则；对员工的缺点和错误，碍于情面，或只字不提，或轻描淡写；回避工作矛盾，凡事都可以放宽要求，甚至没有要求，讲究一团和气，事事留情面。

事实上，人性化管理是指在管理中更多地注入人性的东西，体现柔性的一面，但绝不意味着可以放松对管理的严格要求，绝不意味着可以对管理制度任意打折扣。强化刚性管理，才是对以人为本的最好诠释，才是对员工的最大关爱。

【赢在落实】 实际上，企业中气氛宽松自由，人际关系和谐融洽，有其积极意义的一面，但若过度宽松失之于严格管理，实际上就可能将企业管理的内涵异化为无原则的“放任”，最终使企业纲不举、目不张，风气不正，整个企业犹如一盘散沙。

16. 允许员工片刻聊天

几乎所有企业或公司的车间、办公室里，都贴有这样一张字条：上班（工作）期间不允许聊天。

的确，下属在上班或工作时间聊天会影响效率，但是，假如所有下属上班时间一声不吭埋头工作，那也未免太压抑、太死气沉沉了。这对工作效率同样也有负面影响！

事实证明，上班时间允许下属片刻的聊天，不但不会降低工作效率，反而会提高工作效率，并且使整个办公室或车间的气氛要活泼得多。

人类最直接的交流，是靠语言表达心中的感情，如果每天在所有时间内禁止雇员交谈，对他们的工作根本没有好处。除了他们互相之间难以建立起紧密合作的关系外，工作上产生一些误会也在所难免。

【赢在落实】允许下属在上班时间片刻的聊天，是一种关心和理解员工的有效手段。何况在当今网络时代，你若一味地禁止员工聊天，他们的感情得不到宣泄时，可能会上网进行“无形”的聊天，那样就让你更加难以防备。因此，对于上班时适当的聊天，“疏”胜于“堵”。

17. 对个性强的人因势利导

每个公司都有个性很鲜明的员工，对待这些人，老板应该树立正确的管理理念，引导和帮助他们树立适合公司的经营理念。

首先，避其锋芒，因势利导。遇到个性很强、颇难驾驭的员工，你不要以势压人，故意给他个下马威，而应该避其锋芒，因势利导，选择最适当的时机进行教化。

其次，瞄准个性，提供舞台。员工的个性是一种本性，如果运用得当能够充分发挥内在的潜能，创造高绩效。为此，老板必须熟知员工个性，为他们提供合适的岗位。

再次，把握个性，给予关照。作为公司领导，老板在决定聘用某个员工时就应该注意发现其个性，并据此进行培训，安排合适的岗位。需要指出的是，刚入职的员工在业务、心理等方面往往不成熟，老板应该尽量给予“关照”，帮助他们成长。

【赢在落实】 对于每一个员工而言，有一个能表现个性的工作环境也会令他们性情愉悦，做起事来也会倍觉驾轻就熟。

18. 尊重对方意见，但要找后账

一位老板在谈到自己的管理心得时说：“对于难以避免的个别失误，要和管理层‘找后账’，反思这一次的问题出在哪里。相对放权，绝不意味着放手让他们‘试错’。”

仔细分析不难发现，这样做的好处有两点：

(1) 员工得到尊重，更能卖力做事。

员工得到尊重，往往能获得主人翁的感觉，在工作中积极实现自我价值，从而充分发挥人力资源的应有价值。这种无需管理就能带来的益处，需要大老板谨记。

(2) 尊重不等于盲从，“监管”很重要。

在尊重下属的这一点上，也要有一定的“度”。如果下属在某一件事情上明显地说错了、做错了，老板一定要向他们“讨个说法”。这样做不但让他们意识到自己的不足，还能及时纠正存在的错误，必不可少。

【赢在落实】工作中，老板必须注意倾听员工的意见，哪怕是错误的观点。这样做，能让他们充分表达。而后，再指明其错误之处，就能轻易解决问题。

19. 让员工参与到管理中去

人性化管理提倡民主。这就要求企业在管理的过程中，要发扬民主，在内部集思广益，鼓励员工参与决策。让员工充分发表意见和参与管理，会使他们感到自己是本单位事业成败的参与者和主人，而不是一个被摆布的“棋子”。这样，就会增强员工的主人翁意识，使其主动关心落实情况，和领导及其他成员紧密合作，为实现组织目标积极贡献力量。

有的管理者认为，设计制度、决定目标、方针仅仅是领导的事，没有必要让更多人参与。实际上，这是一种错误的看法。对此，管理者要切实认识到，无论一个人如何聪慧，和群体相比总是十分有限的，只有为员工提供献计献策的机会，才能满足他们实现自我价值的欲望，激发他们创造性思维的火花，从而焕发出许许多多不寻常的创见和有价值的建议。

通过参与管理，可以使员工感受到一种我不光是一个落实者更是一个制定者的成就感，这样员工就会把企业的事业当作自己的事业来看待。员工对企业管理的参与度越高，员工能力发挥得也就越好，其责任心就越强。

当然，要让员工参与管理，管理者先要摒弃旧式思想，不要包揽一切，广开言路，尽量鼓励下属发表不同的意见。

【赢在落实】作为一名合格的管理者，还是多听听别人的意见吧，通过让员工参与，你就会获得更多的信息用于支持你的决策。这种决策必然会增加对生产率产生积极影响的决策的概率。

20. 细节之处体现人情味

人们总是习惯于对他人建立一个影像，然后与这个影像交流，而不是他本人。这些影像都是有规定模式的，通常是被曲解的或是建立在偏见基础上的，很少是通过客观分析及理性建造形成的。

遗憾的是，许多人吸收了别人所设想的他的特征，而不是原本的他。他们开始扮演他人所期望的角色。这一点在主管身上体现得尤为突出。

作为管理者的关键不在于产生一种你认为管理者是什么样的形像，也不在于按照员工认为一个管理者是什么样的形像，关键在于就是做一个人。也就是去除那些你认为某些人应是怎样的概念。就是说要平等地对待每一个人。

要做到这一点，最重要的就是忘掉每个人身上的标签，同样重要的是，千万不能将人们分成不同类别。如果将人们分成不同类别，只会让我们很容易根据带有偏见性的假想对他们的行为做判断，而不是根据他们的起初表现来做决定。

作为管理者，很容易以自我为中心产生主观意识来增加自我重要感。往往，管理者们总是自以为是，不再谦卑，失去了员工对管理者的尊敬。这种自我重要感大大地低估了那些在最前线却没有如此特权的员工对公司的贡献。

【赢在落实】真正优秀的管理者应是采取简单而且基于常理的方法，真的将员工当人看待而不是某种形象，给人以平等感。信任员工，尊重员工，听取员工的意见，向人们吐露秘密，与大家开玩笑，真的对人产生兴趣。这些主管甚至真的希望从别人身上学到更多的东西，得到后，并示以感激之情。

21. 向人性化管理要绩效

在中国的管理语境中，寓人治于法治，更符合大公司的实际情况。顺应人性的特点，老板需要从三个方面入手，对员工进行管理：

首先，营造公司文化，利用文化规范行为。海尔、微软、联想、IBM 等大公司都有自己独特的公司文化，由此它们致力于营造一种人性化的管理理念，帮助员工成长，给他们施展才华的空间。

其次，尊重人的本性，顺其自然加以引导。在公司里，每个员工首先是一个追求自我发展和实现的个体人，然后才是一个从事工作有着职业分工的职业人。

再次，进行行为塑造，利用习惯进行管理。那些关怀员工、对员工好、帮助员工达到目标的老板，手下的员工大都能自我管理。这样的老板同时管理五六十个员工，也不会出什么问题。有些老板不过带五六个员工，麻烦却层出不穷，就是不懂得帮助属下做好“自我管理”。

【赢在落实】管理者制定制度，但也明白所有制度都是死的，而人却是活的，必须“在制度许可的范围内，衡情论理”，然后才加适当的调整，合理解决。

【制度样板】

司机管理规定

第一条 公司司机必须遵守《中华人民共和国道路交通管理条例》及有关交通安全管理的规章规则，安全驾车。并应遵守本公司其他相关的规章制度。

第二条 司机应爱惜公司车辆，平时要注意车辆的保养，经常检查车辆的主要机件。每月至少用半天时间对自己所开车辆进行检修，确保车辆正常行驶。

第三条 出车前，要例行检查车辆的水、电、油及其他性能是否正常，发现不正常时，要立即加补或调整。出车回来，要检查存油量，发现存油不足一格时，应立即加油，不得出车时才临时去加油。

第四条 司机发现所驾车辆有故障时要立即检修。不会检修的，应立即报告管理人员，并提出具体的维修意见(包括维修项目和大致需要的经费等)。未经批准，不许私自将车辆送厂维修。

第五条 司机对管理人员的工作安排，应无条件服从，不准借故拖延或拒不出车。对工作安排有意见的，事后可向总办主任反映。

第六条 司机出车执行任务，遇特殊情况不能按时返回的，应及时设法通知管理人员，并说明原因。

第七条 下班后，应将车辆停放适当地点保管，不准私自用车。

第八条 出车在外或出车归来停放车辆，一定要注意选取停放地点和位置，不能在不准停车的路段或危险地段停车。司机离开车辆时，要锁好保险锁，防止车辆被盗。

第九条 司机因故意违章或证件不全被罚款的，费用不予报销。违章造成后果由当事人负责。

第十条 司机对乘车人要热情、礼貌，说话应文明。车内客人谈话时，除非客人主动搭话，不准随便插嘴。

第十一条 司机未经领导批准，不得将自己保管的车辆随便交给他人驾驶或练习驾驶；严禁将车辆交给无证人员驾驶；任何人不得利用公司车辆学开车。

第十二条 相关部门每月负责对司机进行考核，将考核等级作为每月发放浮动工资的依据。对于工作勤奋、遵守制度、表现突出的，可视具体情况给予嘉奖、记功、晋级等奖励；对工作怠慢、违反制度、发生事故者，视具体情节给予警告、记过、降级直至除名处理。

第十七辑

组织架构与制度落实，
制度体系要与流程体系相融合

制度的有效落实离不开科学、合理的组织架构。显然，公司的管理流程、业务流程必须与相应的管理制度、业务制度相匹配，才能让彼此实现完美对接，确保各项制度落地，实现高绩效的经营目标。

1. 落实是一个系统问题

在当代，相当多的企业家认为，“落实”虽然作为管理的一个片段或环节，但比起“制定战略”和“为企业发展指引方向”相比起来，显然是无足轻重的，实质上，这类想法让他们吃足了苦头。作为一个整体企业中的各个要素之间是相互联系，相互补充的，这种联系和互补必须依靠整体效益实现。

对于落实而言，其管理要义在于：

(1) 不论在何种企业中，管理和经营过程都是一个循环着的圆，站在企业管理的整体角度，就会发现落实是一个系统问题，而不是一个孤立的问题。

(2) 从制度的落实本身出发，落实是一项系统的工作。是“落实”把制度和战略同具体行动联系在一起，可以说，“落实”是实现管理目标的具体途径。

(3) 落实还关系到企业的经营风格、产品定位、品牌化、占有顾客等一系列问题。在处理这些并非孤立的问题时，管理者必须着眼长远，科学统筹。

概而言之，落实几乎涉及企业所有方面和环节。只有将规章制度体系和流程体系有机融合在一起，制度才能得到有效的贯彻落实。

【赢在落实】在企业的发展中，制定的规章制度体系必须要与流程体系相融合，把落实作为一个系统问题来看待。

2. 把握流程与制度的要义

在现实生活中，我们把每日的工作和休闲安排得井井有条。这个被分配的先做和后做的顺序称为“流程”。在企业中合理利用资源，讲输入转化为输出的相互关联的活动也被称为“流程”。一个良好的流程可以大大地提高企业的竞争力和生存力，因此，如何使得流程和原有制度和谐共存成为了企业管理者所面临的重大问题。

作为在企业管理中不可或缺的部分，流程和制度直接既有区别，又相互联系，密不可分。在区别上主要可以体现以下几点：

(1) 制度导向更趋向于“人性本恶”的观点，制定严格制度规范人员；但流程导向则趋向于人性本善，主张信任，用积极态度运作生产。

(2) 流程更趋向于把企业作为一个大的系统，使得各部分紧密联系、相互促进。而制度更多针对局部。

(3) 思维定势不同，制度导向倾向于重赏严罚，流程导向则更倾向于如何改善、优化员工工作效率。

【赢在落实】流程和制度相互依存，只有严明适当的制度才能使得流程得到落实。而制度的赏罚措施又激励促进着流程的改善完善，就企业整体来说，无论制度还是流程都是为了发展做铺垫，只有两者有机结合，才能让制度更好地促进流程的落实，从而促进企业更好更快的发展。

3. 严格按照工作流程做事

富士康作为全球 IT、消费电子产品制造领域最大的霸主，连续多年保持 30%以上的增长率。原因之一，就是郭台铭独特的管理风格使富士康形成了高度注重流程执行力的公司文化，增强了富士康的企业竞争力。

郭台铭主张的最高管理境界是，“没有管理，只有执行”。他要求执行的结果必须体现效率高、行动准、品位精的诉求。

其实，员工的工作，是否按流程执行，是否遵守制度，是执行力的最基本表现。很多公司的规模做大了，但竞争力却并没有得到相应的提升，原因就在员工的执行基础不扎实。

【赢在落实】如果一个公司有了合理的流程却得不到有效执行，那么，流程不但不能为公司带来效率和效益，还会成为员工工作效率的障碍。作为管理者，老板要监督员工遵守公司制度、执行公司流程，提高整体效率。

4. 优秀的流程能提高落实力

谈到流程的落实就不得不说戴尔公司，戴尔公司对流程的追捧可以说是登峰造极，它所运用的销售与生产方式，并不是单单跳过经销商的一种行销手法，而是企业策略的核心。戴尔成为全球最大个人计算机制造商的关键就在于流程的落实。

戴尔公司的业务流程体制大大提高了存货周转率，从而提高了资产周转速度，而对于其他大多数企业来说，它们尚没有意识到这所带来的巨大收益。

对于个人电脑制造商来说，存货周转率十分重要，因为存货通常是公司净资产的最大部分。当销售额低于预期水平的时候，那些根据传统理念生产的公司都会在处理多余存货上一筹莫展，在被迫清理存货时利润就很可能会降低到零。而戴尔公司的年存货周转率比它的竞争对手最多高出 8 倍，这使得戴尔公司的运营成本非常小、拥有巨大的现金流。它还使得客户能够享受到最新的技术。

这种系统之所以能够行得通，主要是因为戴尔公司具有一种良好的流程体制，能够将每一个环节的工作都落到实处。曾经在戴尔公司工作过很多年的制造部门生产管理人员，把该公司的系统称为“我所见过的最棒的且最具落实力的流程体制”。

【赢在落实】企业规章制度是否具有生命力，关键看该制度是否拥有一种良好的流程体系，如果拥有了行之有效的落实流程，那么给企业带来的将是不可估量的效益。

5. 搭建规范的企业流程框架

德鲁克曾经说过："管理得好的企业，每个人就像是生产流水线上的一个部件，在有条不紊地运作。"

因此企业应该优先构架一个完善健全的流程框架。这个框架应该从企业一级流程框架逐渐往下分门别类的细化，形成二级、三级等等，直到可以列出企业流程的完整清单。而这个流程框架的构建原则则是在体现流程，体现完整和逻辑关联性的同时，可以清晰地界定不同部门的流程间的边界。

一级流程框架应该反映出企业的整体业务模式，体现出从企业最高管理层的视角对企业的整体认识。而下设的流程清单则表现出现实业务流程整体的网状结构，即各类不同业务的交叉影响，从而形成企业的整体系统。

【赢在落实】作为企业的管理者和领导者应该明白，系统科学的管理制度和严密规范的工作流程是一个企业成功的基石，而规范和流程的管理又是科学管理的前提。

6. 优化管理流程，提高落实效率

在以职能为中心的传统管理模式的支配下，流程被冗杂的组织结构所覆盖，各种问题层出不穷，企业运转艰难。为了妥善解决以职能为中心的旧管理模式下产生的问题，并且使企业适应新的环境，就必须对业务流程进行重新整理，优化分配，彻底推翻旧的设计，重建新的流程管理，以便在当今时代取得关键性的突破。

流程优化不仅仅是取消臃肿的组织结构，在指导正确道路的前提下，还要提供正确处理这些问题的手段和方式。通过流程优化这项策略不断完善、发展业务流程，从而保证企业的竞争优势。不论是对于流程整体的优化还是对于之中某些部分的改善，都要以提高业务效率，节省劳动成本等目的为前提。

【赢在落实】企业领导者在确认流程现状、关键流程的建立，以及流程内部环节的优化以及优化后的推广等各方面，都要做出合理科学的布置。从而最大限度地调动劳务人员的积极性，发挥管理者的推动作用，为企业的发展奠定良好的基石。

7. 流程优化的常用方法

优化流程能产生巨大的经济效应和市场效应，因此掌握其管理技巧尤其重要。概括起来，目前流行的流程优化方式主要有以下几种：

(1) 标杆瞄准法：标杆瞄准法的基本构成为："最佳实践，度量标准"。其类型范围"战略与战术的标杆瞄准法"，"管理职能的标杆瞄准法"，"跨职能标杆瞄准法"三种。这种方法可用在设立改革的目标和远景、确定流程优化的基准等方面。

(2) DMAIC 模型：DMAIC 是管理中最经典、最重要的一种管理模型，主要强调改善已有的流程质量。

(3) ESIA 分析法：以一种新的结构方式为顾客提供价值增加，以及其价值增加的程度。尽可能地减少流程中非增值活动，调整流程中的核心增值活动。这就是 ESIA 原则。

(4) ECRS 分析法：ECRS 分析法可以分为：取消、合并、重排、简化。即为"完成了什么？是否必要？为什么？"、"能否可与其他工作合并"、"重新排列"、"内容和步骤的简化"，并在此基础上寻流程改善的方向。

(5) SDCA 循环：SDCA 循环就是标准化维持，即"标准、执行、检查、总结 (调整)"模式。是以维持标准化为目的，要求标准化和稳定现有的流程。

【赢在落实】 妥善选择、运用行之有效的流程优化方式，对制度的落实有着事半功倍的效果，企业领导者应从实际出发，分析公司现状，落实与之相适合的优化方式。

8. 确保公司的流程合理

合理的流程是制度落实的基础，是企业正常运转的基石。即便企业拥有科学合理的制度，但在具体工作中却无法落实，那么则有必要检查企业的流程是否科学合理，是否有需改进。

在检查流程中，首先应检查流程本身。对于一个企业来说，构成其业务循环的流程可以说是一个网状的循环系统，在检查流程本身过程中应该首先检查流程的循环是否畅通，其各个构成部分之间是否通畅、稳定，其各部分交流是否简捷便利。

其次，还要检查流程循环是否模式化，是否具有稳定性和定向性，是否出现回流、乱流、流量不合标准等不良状况。并且通过流程的物流、信息流、现金流、文化流四方面观察该流程是否健康可行。

【赢在落实】 企业领导者在修改解决流程问题之后，需要检查其对应的管理制度是否和流程相辅相成，健全优秀、松紧有度的管理制度可以促进流程的合理化运转。

9. 不要设置更多的上司

优秀的领导可以带领自己的团队获得优异的成绩，甚至从而可以为自己的企业带来巨大的效益。但是过多的领导层的划分，冗杂的中间级主管的干涉，则会阻挠员工创造力的发挥。而且各级中级领导层之间的竞争和斗争，主管之间意见相左导致的矛盾激化和彼此的妨碍，致使员工过多卷入其权利的纠纷之中，从而导致工作效率的降低，严重地干扰了员工创意能力的发挥。

多数员工曾抱怨过多的领导下派的意见并不一致，致使自身无法妥善完成工作。四面八方的指令过多地消耗了员工的精力和脑力，使得他们很难有效率地投入到工作之中。半路穿插或者生手领导阶层的介入，致使员工与原主管的沟通和联系被破坏，严重的话甚至不得不停止或推翻之前的工作。

【赢在落实】 管理阶层需要注意的是，不论临时的还是长久的，多余的主管都是必须被消除的，多一层主管就多一层麻烦，只有尽量减少管理层面，才能最大限度地提高员工的工作效率。

10. 简化工作流程的审批环节

一份七分钟就可以处理的文件，在转呈过程中却要耽搁四天之久，在管理幅度日益壮大的现实面前，不说政府机关，即便是在企业集团之中，这也算不上是什么罕见之事。

在落实的过程中，一旦流程过于繁琐就会导致落实人员失去耐心，从而影响落实效果。为了获得更多客户的支持以及树立良好的商业形象，缩短非必要的中间部门审批是十分必要的。审批确实具有正面的效应，是对企业负责的表现，但是建立过多的中间审批部门却会严重影响计划的施行。

有效的简化审批流程就显得至关重要起来，作为领导首先对一个计划施行应当具有知情权，为了使得审批更有效率，可以把领导知情和每次审核人员分开，使得领导可以定期获取公司动态，却不需要介入审核流程。而对于这种“签字审批权”的趋之若鹜则可以通过重点简化程序来有效遏制。

【赢在落实】 通过对工作流程的多方面简化，使得企业文件得到便捷有效的处理，从而提高了计划落实的效率，大大增加了企业的营销力度。

11. 流程改造提成执行水准

合理的流程对落实力度的提升有着不可估量的作用。但是有些企业制定的流程不仅无法提升落实力，严重的还会对各种制度和工作的落实起到阻碍作用。对于这样的阻碍企业运营的流程，就需要着手改造。一般来说，流程的改造分为渐进式变革和流程再造两种。

渐进式变革的优点在于变革可以通过逐渐积累得以实现，其风险较低，牵涉面小，方式简单易行，实施阻力相对较小，对企业正常运营干扰较少。但缺点在于局部的优化缺乏对流程要素的根本性重构，因此改造力度不大，效果并不能取得明显改变，甚至有些流程与企业模式相冲突，使人们失去对流程变革的激情，从而成为企业发展的绊脚石。

另一种流程再造是对原来的流程的推倒重建。这种重建属于激进式地变革方案，需要重新设计整个流程体系。

【赢在落实】一般而言，在业务繁忙的时候，企业只会对少数独立性较强的流程进行改造；而当企业遭遇市场困境或者做出业务调整之后，决策者流程再造的冲动和期望就会更大。但是修正越多风险就越大，因此领导者主张的变革应当以流程规范和优化为主。

12. 确保流程改造项目落到实处

流程优化、再造的目的在于提升各种制度和工作的落实效率，在流程改造之后，必须落到实处，加以推进才能为企业带来期望的好处。在推进过程中应注意以下几个问题：

(1) 如果流程一旦推行的效果没有与个人的考核挂钩，那么这种推崇只能沦落为中基层人员短期的行为。为此，高层管理者必须亲自参与到流程管理中，甚至是充当具体流程负责人的角色，同时将流程与中低层管理者的利益挂钩，为流程管理的顺畅运转扫清障碍。

(2) 确保新流程是科学合理的。当一项新的流程无法落到实处的时候，必须从这项新流程本身去寻找原因。

(3) 从新流程的受众入手。新流程既没有与企业内部其他系统和制度相冲突，也绝对优越于企业现有流程，在这种情况下如果新流程还是推行不下去，那就要从受众方面去寻找原因了。

(4) 加强疏导，克服阻力。改变原来的流程，会使某些人认为自己的权利受到很大威胁，从而使得新流程的阻力会比较大。但是，无论是从企业整体的角度，还是从员工的个人角度来看，原有的不合理成分并非因为新流程的产生而造成的。恰恰是新流程解决了这些问题，阻力的来源并非流程本身，而是一种思维定势，流程管理思想的成功疏导是流程管理革新成功的重要因素。

【赢在落实】现今的流程改造十分热门，从百亿规模的国字号集团到销售额百万的民营企业，都纷纷花钱去做流程管理。但规划的目的是为了落实，领导者千万注意不要舍本逐末。

13. 管理要讲究层次分明

想要做到企业有条不紊地运行，就要划分严格的管理层次。现代公司运行中有决策层、管理层、执行层的区分，各层之间有与之相对应的权利和责任。例如：决策层负责企业的经营决策、规划布置和生产任务；管理层负责计划管理、组织生产；执行层则负责具体的操作。各管理层各司其职，在其位谋其政，从而使得企业稳妥安定地运行。

作为企业老板，事无巨细的管理并不是负责的表现，往往其中过分的管理会导致各层权利混乱，致使管理紊乱，从而影响公司的效益。管理层的混乱会打破员工的秩序感，他们一会被指挥往东一会被指挥往西，令出多门，难免使得他们无所适从。如果老板不能正确地对待管理中存在的客观事实，越俎代庖地对企业的经营计划到人员的出勤都包办包查，那么各个管理层也会不愿动脑，不愿思考，再出现问题时，没有权利也就没有义务，不愿意承担责任，从而导致企业的重大挫折。

【赢在落实】聪明人喜欢独立思考行事，只有笨蛋才会希望事无巨细地受命于人。企业老板要注意千万不要越权指挥，包揽一切事物，要注重分层管理，各司其职。

14. 用多种手段推进新流程

改变原来的企业流程会遇到多方面的阻力，由于人们的惰性心理和对既得利益再分配的恐惧，新流程的推进注定无法一帆风顺。要让新流程得以顺利落实，除了需要推动者强大的自信和耐心，正确手段和方式外，企业管理者还可以采取以下几种手段：

(1) 诱之以利。旧流程改造的过程中可能遇到的最大阻碍应该是权利阶层对利益再分配的恐慌。针对这一点，企业应该在变革的初期就让所有人员对即将到来的变革有一个正确的理解和清晰的认识，不要因为误会和猜疑给流程改革造成不必要的阻力。

(2) 欲擒故纵。流程改造所带来的改变越大，涉及的利益相关者越多，企业面对的阻力就越大。企业改革者可以在非关键性的冲突上作出适当的让步，通过有保留的妥协换取新流程的实施，达到“累其气力，消其斗志，散而后擒，兵不血刃”的效果。

(3) 温水煮蛙。人们对剧烈变革都有着严重的抗拒心理，偃旗息鼓，润物无声地慢慢改进，能达到巨变所不能达到的效果。

(4) 釜底抽薪。变革无论大小，几乎总会有反对的声音。

“以汤止沸，沸乃不止，诚知其本，则去火而已矣”。要消除变革过程中的阻力，就要搞清楚反对者反对的真正理由，从各个角度予以回击，用充分的理由和事实来反驳他们，使他们无法再开口反对。

【赢在落实】总之，在推进新流程的过程中，采取多种手段是非常必要的。运用多种手段，最终完美推动新流程的变革，为企业带来良好效益才是管理层的最终目的。

15. 从源头上杜绝制度缺陷

为了经营自己的事业，总经理们往往把视线放在市场的激烈竞争之中，把自己的精力投入在市场的开拓之上，然而“明察秋毫之末而不见舆薪”，精力过度投入市场的后果往往是对内部人员管理松散，从而使别人钻了空子，给自己和企业带来难以估量的损失。

吃里爬外的人固然可恶，但是这也不能不说是老板过度放权，自食恶果的结果。所谓日防夜防，家贼难防，虽然害人之心不可有，但是防人之心不可无。在企业管理中还是要制定妥善的制度，做出必要的人员行为束缚。

腐败的根源在于制度的缺陷，一旦权利失去了约束和监督，就会造成个人中饱私囊现象的出现，从而为企业造成难以弥补的损耗。加强制度的管理，使权利和义务程序化，各项工作透明化，并加强对权利的束缚，这样就可以从制度上遏制腐败的产生。

【赢在落实】商业永远是利益的追逐和竞争，一旦缺乏必要的约束，一些人就很可能做出违法的事情，创建行之有效的运行制度，掌握公司的主要权利环节，这才能趋利避害，防止欺骗。

【制度样板】

保险库管理制度

第一条 凡属本企业的有价证券、执照、合同、营业资金、支票、机密性或重要性的物件等需统一保存者，得放置于保险库中。

第二条 总经理须指派专人负责经管保险库。

第三条 经管人应审慎保管保险库钥匙，并严守密码，离职或移交工作也如此，如因此而致公司遭受损失，将依情节轻重惩处或依法究办。

第四条 经管人应备签收簿，凡入库保存的证件均需签收；出库、借出或移交时，也应由接收人签收，以明权责。

第五条 经管人应将入库证件分公司或分类归档，并将公司、资料名称、数量、移交日期等记入“档案明细表”，以便查询。

第六条 签收簿及档案明细表应保存五年以上，不得丢弃或销毁。

第七条 保险库内物品如有遗失或失窃，应即呈报上级处理。

第八条 盘点方式如下：

(1) 经管人得于盘点前将资料、清单备妥。

(2) 关系企业用保险库 (编号 1)：每年由总管理处人员盘点

一次。

(3) 各公司财务部保险库(编号 2)：每年由总经理室人员盘点一次。

(4) 总经理应不定期指派人员进行抽点。

(5) 盘点人应于五日内，将盘点报告呈报上级核阅。

第十八辑

执行到位不拖延，立即行动是抓好落实的保证

今天，“拖延不到位”、“落实没成效”等现象依然存在于大大小小的公司里。由于拖延导致的执行滞后、制度无力，已经严重危害到公司的正常运行。管理者务必要雷厉风行，打造一支速战速决的战斗力强的队伍，确保各项制度规范落到实处。

1. 摆脱拖延的恶习

如今，拖延几乎已经成为现代人的通病，在一些公司里，很多制度制定之后，却总是拖延着不去落实，拖延恶习形成的主要原因是：

⑴ 职场事务纷杂，容易使人瞻前顾后，求稳怕变，唯恐失去已经取得的成就，拖延逐渐成习，往昔的“挑战者”就会不思进取，事业无为。

⑵ 业绩平平，关键在于不爱动脑，不进行积极的思维活动。就会像久置不用的机器，思维变得迟钝，应激能力变差。

改变拖延，积极落实主要从两个方面入手：

⑴ 不间断地改变职业环境和思维环境，引导员工进入紧迫的工作状态，自动自发地工作。使员工在没有工作的时候，也处于不停的想象练习中，以提高工作熟练度，成为高效率的员工。

⑵ 要求员工了解任务基线，即事务的合格水平。保证员工既不会将前景设想得太完美，因盲目追求完美而延误时间，也不会低估自身能力，失去老板的重视。

【赢在落实】拖延、散漫是企业制度不能落实普遍的弊病，消除这个百害而无一利的恶习，是老板提高企业效率，减少损失的必要手段。

2. 拖延降低制度落实的成效

对于一些管理者来说，只制定出制度而不去落实已经成为一种习惯。拖拉着不去执行会降低制度落实的成效：

(1) 拖延使你要处理的问题越积越多；

(2) 拖延是工作激情的惯性杀手；

(3) 效率低下的拖延者总是最先出局。

对于那些自欺欺人的拖延行为，单用数字就可以帮助人们意识到它的愚蠢性。比如，有一项工作可能会用一个小时才能完成，却向后拖延了两个小时，增加的这些额外时间，使得完成工作的时间延长了很多。犹豫的时间，加上拖延的时间，再加上完成任务需要的时间。无形中，本来需要一个小时完成的任务就变成了三个小时。

【赢在落实】 有些老板总爱把落实制度往后推，他们总是相信以后还有很多时间，或者这件事在别的时间做会更容易些。但是，制度如果不及时贯彻落实，通常会在以后的管理中遇到更大的困难。

3. 决策后还需贯彻落实

每个公司都会有一套自己的制度，并由领导层根据经营思想制定出实战的决策。但是成功的企业不仅需要高明的决策，更需要强大的执行力把制度落到实处。

在公司管理中，执行不力是一个普遍现象。公司的一些制度，员工不一定能够坚决地贯彻和执行，所以公司老板面对日益严峻的市场竞争态势，如何把制度落到实处，提高制度的落实力，就成为一个迫切的现实问题。

对于一个公司来说，强大的落实力源于领导者毫不手软的坚决意志，执行力就是领导坚决果断的意志。正如美国霍尼韦尔公司前总裁拉里博西迪先生所言："执行应当是一名领导者最重要的工作。"俗语也说："火车跑得快，全靠车头带；工作好不好，关键在领导。"

【赢在落实】 从事企业经营活动就是利用一切资源和力量，要想避开风险和损失获得更大的利润，就需要公司老板在正确思想和决策的指引下带领员工贯彻落实、速战速决。

4. 开一个高效率的会

通常，公司为规范各项会议及各类培训流程，统一会议管理模式，减少会议数量、缩短会议时间，提高会议质量，都会制定会议制度。在制定这些制度时，公司管理者要做到：

(1) 会议时间不要安排过长。

一个成年人能聚精会神地投入工作的时长大约是两小时左右。因此，会议的时间一般需要计划和控制在半小时到两小时之间。

(2) 不邀请与会议无关的人与会。

会前一定要事先确定好哪些人需要且必须参加会议，要尽量明确各部门参加会议人员或参加会议的岗位要求。

(3) 安排专人跟进会议决议的执行情况。

一个有效和高效的会议，需要会议负责人和与会者共同的努力。从会议前期的准备到会议的召开再到会议决议的落实，都需要采取有效的措施来加以保障。

【赢在落实】 在公司的管理层中，会议常常是将工作思想传达给员工的一个重要途径。会议制度不能盲目无效的制定。作为公司管理者，制定会议制度要学会运用开会中的技巧，使会议内容能在员工心中高效的融会。

5. 提高落实力的流程改进法

制度落实不好就意味着执行成本的浪费，为解决这一难题，老板可以采用“流程改进法”来增加公司制度的落实能力。流程改进法的核心包括：流程步骤细化、流程标准化、流程量化。

(1) 流程步骤的细化有利于全面分析落实中的影响因素。如果将流程细化为“接触——信息的收集——信息的整理——信息的分析——信息的判断——进一步采取的行动——销售”，就会发现流程中间更多的影响因素。

(2) 流程标准化建立于流程细化之上，它包括流程具体步骤的确定以及步骤中采用方式的确定。但这个标准不是一成不变的，在运行一段时期后，要进行有效性分析和改进。

(3) 流程量化是流程改进的核心，也是确保流程改进有效性的基本方法，它通过依据标准对现状与未来期望进行量化，以达到确定改进成本、分析改进后收益、体现改进状况等目标。

【赢在落实】 流程改进法的效果已经得到多个公司的成功验证，老板可以遵循自身公司的情况对流程改进法进行“移植”、“嫁接”，以切实增加公司制度的落实能力，节约公司资本。

6. 说做就做，绝不耽搁

有些公司管理者总是对该落实的制度，找出各种理由、各种借口拖延，同时又以没有真正放弃来获得自我安慰。一方面他们对自己拖拖拉拉的毛病很不满意；另一方面却又不肯改掉这个恶习，一直都在被动地等待。

要消除拖延，将制度落到实处，最好的办法就是马上就做。在开始一项工作前，任何人都会觉得非常有挑战性。对一件事情而言，开始往往是最难的可又是必需的。一旦真的开始做了，思路就会慢慢清晰，越是拖着不做，就越想逃避，心里也越烦躁。

因此，老板在制定新制度后，就要立刻采取措施，切实地行动起来，消除内心里那些“等一会儿再看吧”、“明天再做”的意念。

【赢在落实】此时此刻就去做，一分钟也不拖延，落实后，会有一种奇妙而深深的满足感，与过去加班熬夜、敷衍了事相比，这种感觉会使人增加信心，从而更愿意主动去做事。

7. 合理安排做事顺序

人都有一种习惯，会根据事情本身的轻重缓急选择不同的策略。这个思路显然没错，但在这种思想指导下，很多重要而不紧迫的事，往往因为时间要求不那么急，被一拖再拖。

其实，很多时候制度不能落实并非因为时间不充裕，而是分不清事情的轻重缓急，把时间和精力浪费在那些不太重要的事上。

当所有的事情交织在一起，怎样才能知道一件事是否重要，并且快速优质地完成重要的事呢？有人提出了三步计划：

第一步，估价。用目标、需要、回报和满足感这几项内容，对你将要做的事进行一个估价。

第二步，去除。去除你不必要做的事，把要做但不一定非要亲力亲为的事委托给别人。

第三步，估计。记下你为目标所必须做的事，包括完成任务要用的时间，谁可以帮助你完成任务等一系列的内容。

【赢在落实】老板在管理公司事务时，把要做的事情都列出来，先做重要的事情，然后做次要的，没时间的话，那些可做可不做的事情就干脆不做了。严格按照这个思路来做，那些至关重要却不紧迫的事情，才不会被我们置于“说起来重要，做起来次要，忙起来不要”的境地。

8. 为自己设定最后时限

最后时限是遏制拖延的良方，是激励人奋进的秘诀，更是克制最后通牒效应的有效方法。如果制度在制定后一直拖拖拉拉没有执行，那么老板们可以为自己设定一个最后时限。当最后时限设定了，就意味着制度执行的启动，它会时刻鞭策着你沿着最终目标奋斗，不懈怠，不拖延，直到制度被彻底落实。

设定最后时限会让公司管理者意识到如果不按期完成将会有更大的损失，而人趋利避害的本性就会促使他们及时完成任务以保护自己。

如果不设定最后时限，那么就品尝不到制度被落实后的喜悦，更不会有那种乘风破浪式的动力。面对公司纷繁多样的事务，老板可能就会一味地拖延，从而变得百般懈怠，最终损害公司的利益。

【赢在落实】公司老板在制度的执行中要为自己和别人设定一个最后时限，这就等于安排了一个监工，它时刻在督促着所有人。人们在“最后期限”的面前，效率才会高，才能够更快地完成一项出色的任务。

9. 落实时尽心尽力胜于尽善尽美

美国作家哈罗德·斯·库辛曾说："生命是一场球赛，最好的球队也有丢分的记录，最差的球队也有辉煌的一天。我们的目标是尽可能让自己得到的多于失去的。"

作为公司管理者，能够落实公司的制度，高效地完成任务，为自己争取更多的时间，获取更大的利益就好。没必要非要在制度的执行计划的某个部分上浪费过多的时间和脑细胞。

很多时候公司老板在一些制度的执行上追求完美，不容忍出现一丝一毫的误差，其实这都是徒劳无功的。在值得的事情上，追求卓越和相对的完美就可以了，而为了不切实际的完美付出高昂的代价，是最不明智的做法。

【赢在落实】人的思维各不相同，能力高低有别，不可能事事都胜过别人，更何况人生也没有绝对的完美。很多事情，人无法全盘掌控，唯一能够掌控的就是做事的态度。只要全身心投入，不管结果怎么样，都是完美的，因为你已经尽力了。

10. 走出自己的舒适区

每一个人都会有一个适合自己的“心理舒适区”。在这个区域里，每个人都会觉得舒服、放松、稳定、能够掌控、很有安全感。一旦走出这个区域，人们就会感到别扭、不舒服，或者不习惯。

研究表明，走出舒适区进入新的目标领域会增加人的焦虑程度，从而产生应激反应，其结果是提升人对工作的专注程度。新的目标领域，会促使人们构建新的舒适区。这个区域被称作最佳表现区。在这个区域中，人的工作表现将会得到改善，并且他们的工作技巧也会被优化。

无论个人还是公司，如果设定了新的目标，就必须离开原有的“舒适区”，挑战原有的能力结构、资源范围、智力水平和知识水平，从而建立新的舒适区。因此，老板应该制定一些具有挑战性的制度，并切实执行它，走出原有的范围，构建公司更大的发展区域。

【赢在落实】不建立新的具有机遇性的制度，不离开原有的“舒适区”，公司就不可能达到更高的目标。虽然离开了“舒适区”会感到不舒服，但是达到了新的目标，就会有一个关键的变化——公司的“舒适区”被扩大了，获得的利益也会随之变大了。

11. 直面最困难的事

遵守制度规定是最困难的事情，但是选择逃避绝不是一个好办法。须知，许多问题是没办法绕过去的，一味拖延搪塞只能让困难成为工作中更大的障碍，甚至有时候问题会越积越多，导致工作最后毫无进展。

没有永远的困难，也没有解决不了的困难。只有勇敢面对，立即寻找化解之道，将这些问题逐一解决，这时你会发现：其实我能行。

人们习惯于过去的思维方式，认为眼前的困难无法克服，看似不可战胜不可逾越，等你跨过那道坎，却发现是我们的臆想把自己吓住了。请牢记，勇敢面对胜于一味逃避，立即行动胜于坐以待毙。

【赢在落实】公司管理者在落实制度的过程中遇到困难时，首先要弄清根源，找出症结所在，并立刻处理，不可拖延，否则问题会永远存在。所以老板要行动起来，直面困难，在制度的执行中找到解决问题的办法。

12. 制定清晰的行动目标

很多人都玩过拼图游戏，如果没有目标，就无法拼出一个完整的图案。对于人生而言，如果没有清晰的目标，就好像不知道图画的全貌，就会乱拼凑生命。

有些老板在制定制度时，常常迷失方向，时而向东，时而向西。他们的问题就在于，不知道自己制定这些制度的目的是什么。如果不知道目标在哪里，那么就永远不会有击中目标的一天。

目标的大小决定行程，如果只将目标定在 5 千米，就会懒得走 10 千米。此时不是没有能力，也不是少了运气，更多时候是因为没有明确目标，缺少为目标而奋斗的动力。

清晰的行动目标，是激发人勇往直前的动力，成功的关键在于有目标。为自己制定各种明确的目标并对自己的目标和方向有一个清晰的认识，这是一切伟大成就的开端。

【赢在落实】明确的、具体的目标能够增强人的信心，做事没有明确目的，只会枉费时间。公司管理者在制度的执行中要确立正确方向、有明确目标，才会取得好的效果。

13. 浪费时间会导致无限拖延

关于时间，本杰明·富兰克林有这样一段名言，他说："记住，时间就是金钱。钱能生钱，而且它的子孙还会有更多的子孙……如果谁毁掉了5先令的钱，那就是毁掉了它所能产生的一切，也就是说，有可能毁掉了一座英镑之山。"

富兰克林的名言道出了时间的重要性。如果想成功摆脱拖延，一定要重视时间的价值。公司管理者都应该学会管理时间，否则的话制度的执行将会陷入一个恶性循环：浪费时间导致拖延，拖延导致制度落实的进度被拖慢，效率低下。

【赢在落实】 制度的落实无论成功或者是失败，关键的因素并不是人内在所具备的素质，而是很大程度上在于会不会管理时间。只有好好管理时间、安排时间，才能利用时间去落实制度，创造出价值。

14. 不要穷忙，打造自己的行动力

在竞争激烈的职场，每个人都在马不停蹄地忙碌着，但忙碌的过程和结果却不一样，有人忙得很充实，很有价值，忙碌

下来收获颇丰；有人却忙得疲惫不堪，忙得昏天黑地似乎并没多大收获，不见什么效果。

有些老板在制度的执行上穷忙，主要是因为他们所做的事情没有什么技术含量，缺乏独特性和创新，不分事情大小，都要亲力亲为，所以使自己忙得一塌糊涂，浪费大量时间，甚至耽误了真正该做的重要事情，造成拖延，将自己变成了一个实实在在的“穷忙族”。

要改变这种状况，老板就要清楚自己所做的事情有多大价值以及与主要目标的接近程度如何。遇到那些白白浪费时间、对落实制度毫无价值的事情要学会坚决说“不”，只做少量重要并紧急的事情。在执行制度时要把注意力聚焦于最重要最紧急的事情上，充分准备稳妥处理，高质量完成，而不是匆匆而就，潦草完事。

【赢在落实】从容稳重地去做好重要事情，才是执行的真正高效。公司管理者在落实制度时，保证效益与效率的均衡，将重要事情放在第一位，并排除次要事情的干扰。

15. 思想指南只有4个字：马上行动

有人问一位成功企业家：“你为什么会成功?”企业家说：“不管何种情况下，我的思想指南只有4个字：‘马上行动’。”

简单的4个字，却阐释了成功的真谛。就像有时候我们说的敢想敢干，敢想敢干其实就是想好了就去做。有人说，思考的时代已经落伍了，我们现在必须行动。

因此，企业老板在落实制度时，遇到挫折和困难后不要停下来，停歇只会导致半途而废。正像那位企业家说的，只有马上行动才能解决问题，战胜困难。

想好就做，有困难也要马上行动，这样就会让快速行动形成一种习惯。远离被动的等待和消极的拖延，成功的目标就会越来越快地接近。

【赢在落实】只有快速行动才会走向成功。将目标看成作家的灵感，如果害怕稍纵即逝，那就马上抓住它付诸行动。

16. 放下三分钟热度，多点专注力

很多管理者在执行公司的制度时都会出现三分钟热度，往往在制定制度时心潮澎湃，结果执行后就奄奄一息，直至最后泡汤。这也是没有常性，不专注的表现。为了有效克服“三分钟热度”，有人提出了三种方案：

(1) 找到自己真正感兴趣的事，培养专注力。

当人们专注于自己感兴趣的事情时，懒惰和拖延往往不会出现。专注于兴趣的目的并不是局限在工作之外的休闲活动上，而是要借助这个机会训练自己在工作、学习上的专注力。

(2) 努力完成一个阶段性目标，不求终极的成就。

要在某项兴趣上取得成就，现实的做法是，制订一个阶段性的目标，让自己在一段有限的时间里专注地做这件事情，完成这个目标。

(3) 每次只做一件事。

在做事的过程中，一旦遇到困难，很容易变得懒惰，或者干脆放弃。最好的办法就是让自己一次只做一件事，坚持并专注于这件事。

【赢在落实】 制度的落实需要多点专注力，这样既能保证做事的效率，也不至于让身心太累，还能杜绝“三分钟热度”的出现。

【制度样板】

公司警卫人员值勤制度

第一条 本公司为使警卫人员值勤执行任务有所依据，特订定本准则。

第二条 警卫人员的服勤，系代表本公司执行职务。警卫勤务应每日 24 小时执行不辍，其各班服勤时间，由警卫室负责人制定，并核准公布实施。

第四条 警卫人员的职责规定如下：

(1) 工厂及办公处所突发事故之应急措施。

(2) 工厂及办公处所各种事故之预防，警戒及厂区 (房) 巡逻事项。

(3) 进出工厂车辆的管制事项。

(4) 防止窃盗，协助维持工厂及办公处所秩序。

(5) 进出工厂及办公处所的外宾及员工之管制，联络登记事项。

(6) 进出工厂物品的查验及放行。

(7) 其他交办事项的处理。

第五条 物品放行应凭核准的放行单核对无误始得放行，经警卫签认后之放行单由警卫室按顺序装订保管。

第六条 厂内住宿人员，在勤务时间外，凭住宿证进出工厂，但夜间不按规定时间出入厂者，应立即通知舍监室处理。

第七条 厂内住宿人员携带个人物品出厂时，按下列规定处理：

(1) 携带一般日常用品者，由警卫人员查验后放行。

(2) 携带行李、包裹、提箱等大件物品者，应凭舍监室开立之放行单放行。

第八条 外界来宾到厂接洽业务或参观访问，以及厂商的营业、采购、检查、安装人员等应至警卫室办理入厂手续，发给来宾证，并联络有关单位接待。非经厂单位人员接待，不得任其进入厂区。

第九条 本公司员工及一般外宾不准携带照相机进厂，遇有特殊情况，如参观、访问或外籍人员携带照相机者，应按厂单位主管所示处理。

第十条 警卫人员应熟练安全装备的使用。了解配置地点，紧急事发生时，应镇静以最有效的方法使灾害减少至最低限度，不可慌张误事。

第十一条 夜间或休假日近邻发生灾难时，应将所知及判断是否波及本厂等情形，迅速通报有关主管。

第十九辑

在落实中修正制度缺陷，制度必须以贯彻落实为导向

制度落实难、落实不力的原因很多，而其中一个重要的因素就是制度本身存在的问题。如果制度不科学，不合理，必然会给制度的落实带来障碍。因此，在制度制定、执行的过程中，一定要以贯彻落实为导向，确保制度的针对性和可操作性，使制度用得上、行得通、管得住。

1. 规章制度必须符合管理实际

健全完善的规章制度可以促使企业各项工作更加规范化，从而有效地提高企业的管理水平和员工的工作效率。越来越多的企业家认识到制定一个完善妥当制度的重要性，但是在实际执行中，更多的企业所制定的措施完全脱离了企业本身的实际状况，天马行空的制定措施，生搬硬套的“拿来主义”大大地降低了员工的参与度，从而造成了制度的难以落实。

一个健全的规章制度应该以客观实际为基础，以落实为导向，以员工认可、接受和实施为成功标志。对于企业来说，虽然制度的确定具有严峻的迫切性，但是制度的可行性才是其应该关注的重点。能否顺应民心、民意的关键在于是否对企业现实进行了仔细的调查和分析，是否广泛地征求了员工的意见，只有得到员工的广泛认同和拥护，制度才有了生命，才可以被贯彻执行。

【赢在落实】 领导者在进行制度执行的实践活动中，必须依然注重把制度落实在实际之中，充分考虑企业、员工和市场的实际状况，从而使制度具备可行性。

2. 让规章制度与时俱进

所谓“无规矩不成方圆”，制度的存在就是为了让人遵守，若是只图形式则毫无制定的意义可言，所以在规则之外还要建立一个强制的保障，使得违规者必须受到一定的处罚，以强迫被规范者遵守该章程。

但是，这个强制的执行存在着一定的弊端，如今有些企业尚不能保障与时俱进，而天灾人祸不能避免，有些规则如果不加改革的强制执行，则会产生让人难以遵循难以接受的严重后果。

无论何种规章制度，在制定制度之前都要详细地了解实际情况，充分预测整理分析各类问题产生的可能性，以及这些问题带来的后果，而后根据实际制定有关规程，这才使制度具有了可行性。如果徒有条文而与现实背道而驰，则制度不过一纸空文，难以为继。

【赢在落实】规章制度的起草、建立和执行必须随着企业的发展而发展，随着企业的生产变化而变化。旧的规则要随实际的变化而不断更新换代，故步自封只能造成企业管理与实际脱离，最终影响企业的发展。

3. 在落实中检验制度的合法有效性

健全的制度是企业存在的基础，而制度的落实是检验制度合理性的标志，企业制定的制度是否合法有效则是其落实的前提，任何企业所制定的规章制度严谨违反法律法规。片面的强调员工履行的义务和责任，忽略其应得的权利是造成劳动纠纷的导火索，并且这类制度的本身就是对劳动法规的侵犯和蔑视。

不合法的制度本身不但会在施行的过程中受到员工的非议和抵制，从而导致整个企业工作体制的难以为继，并且在最终的劳动纠纷仲裁诉讼中，企业也将承担败诉的法律后果。因此，一个健全的制度必须是以遵守法律法规为基础的，以符合“民主程序制定”、“合法”、“公示”三个条件为前提的。

【赢在落实】 有效的企业的规章制度必须履行民主程序，经过合法性审查，并通过公示告知企业员工，只有满足以上三点方具有法律的效益，才能被贯彻执行。

4. 让落实者参与制度的制定

规章制度由谁制定是大有学问可究的，领导全部制定然后交由手下落实或者领导放手让手下去制定都存在着严重弊端，优秀的规章制度应该由领导者制定出最核心的部分，具体的条款规定则由落实者去研究制定，让落实者参与到规章制度中，这可以有效地让其了解制度的重要性，减少其盲目性。

(1) 由具体的落实者商讨制定的制度，可以避免落实人员不理解规章制度的内涵而引起的纠纷，从制度的开始就建立了良好的沟通氛围。

(2) 只有让落实者参与到制度的制定，才能让落实人员对制度的落实存在强烈的愿望，制度产生后的落实工作更加顺理成章。

(3) 高层主管制定核心章程，指出企业发展的明确方向，然后由施行者制定具体的条款，这样让制度更加贴切实际。

(4) 落实者参与制度的制定更有利于落实文化的培养，让落实者更加深刻地了解企业所处的位置，在今后具体工作中更加贴近现实。

【赢在落实】 落实者参与制定政策，使得他们在为具体的工作制定标准的过程中，可以充分发挥自身能力，并使其思考更具全局性。在这个过程中，他们不断加深对规章制度认识的共识，从而在落实的过程中同心协力。

5. 先诊断，后设计

李嘉诚曾经说过：“管理一家大公司，你不可以样样事情都亲历亲为。”一个行之有效的规章制度必须要经历一个不断摸索，不断总结，发现问题并及时补救的过程。

一个有效完善的规章制度的制定首先要考虑的是影响和制约其实施的因素，包括组织的目标、企业竞争环境、法律政策的束缚，以及企业内部经营条件、工作的传统经验、业务流程、生产和市场环境、企业中人力资源的分配和技术系统条件的制约等。

在这种复杂的内外环境中，企业规范设计就显得至关重要。在综合考虑各方面因素后，制定规章制度的人员必须对企业进行一次深入的了解，在了解之后确立有效的诊断，分析企业的优点与劣处，之后，再交由管理咨询的专家一同设计制定规章制度体系。

【赢在落实】对于制定规章制度的人员安排方面，总经理应该与一些管理咨询专家共同探讨企业中现实存在的各项问题，尤其是具有一定实力的大企业、大公司，在进行管理诊断后再由专家进行设计规范。

6. 保持制度的延续性

公司制定了比较完善的规章制度并严格的执行后，可以说已经迈出了成功的第一步。而后需要注意的就是随时保持着制度的生命，注重保护制度的延续性，但要强调的是，应极力避免制度的朝令夕改。如果过分地更迭人员和制度，企业的规章就会形同虚设，起不到促进的作用。

不同的企业有不同的特点，不同的团队也有需要不同的制度要求，并不是所有的组织都必须要有严格的规章制度，但是自己所带领的团队所遵循的同一法则必须是经过缜密的思考和商定的，制度一经确立就不可随时更改。

【赢在落实】 领导者应该注意的是，如果制定的规章制度一旦出现因为人情而打破规矩，制度破坏后相同的事情就会紧接着一而再、再而三地出现。最终，制度被现实所改变，规章得不到遵循和施行。

7. 好的制度必须能提升效率

一个好的制度，应该是能够提升企业的效率，可以带来价值的。这种高效、高价值主要体现在下面几个方面：

(1) 这个制度要有利于企业提高工作效率。

制度建立意味着企业进一步的程序化、标准化，其领导和员工工作进一步的透明化。因此，实施制度化管理要注重对员工的监控和考核，从而促进员工不断地改进自身，提高工作效率。

(2) 把共同的价值观制度化。

企业规章的设立必须要使企业人员间的利益得到平衡，体现出权利和义务的对等关系，员工共同的认可才是保证制度有效执行的基础。

(3) 制度的制定要具有激励性。

绩效考核有利于促进员工的积极性，促进企业效益的提升，这种标准来源于制度的设计。只有体现出按劳分配，才能够真正激发员工的积极性。

【赢在落实】 对企业进行制度化的管理，需要协调企业中的各个部分，及时废除旧制度，落实新制度，在此基础上才能确保新员工迅速进入企业中的角色，提高制度的执行效率和企业的收益。

8. 修改制度一定要慎重

制度一经制定虽然要根据不断变化的环境和实际情况作出调整，但是应该慎重严谨，避免朝令夕改。治理企业如同治国，规章制度的制定是一项非常严肃的事情，其制度本身应带有根本性、全局性、稳定性和长期性。执行者必须维护制度的严肃性，不能因为管理者的更迭而轻易废止，也不能因为领导的矛盾而随意改变。

只有政策稳定，人心才能安定。企业拥有稳定的规章制度才能有稳定的执行管理。如果制度发现重大缺陷，必须经过充分的调查和论证后才能做出必要的修正，朝令夕改和半途而废都会造成管理上的紊乱和领导阶层的失信。频繁的修改容易造成管理的不规范和员工对企业的质疑，从而要求企业在制度制订时就要保证其章程的严谨和实际。

【赢在落实】规章制度的建设是一项严谨的而具有系统新的工作，必须受到高度重视，严禁频繁更迭，一旦制度出台落实，必须根据不同形势和实际状况作出总结和规划，坚持传承与完善，务实与创新的和谐统一，实现制度的与时俱进。

9. 不可忽视制度的实施成本

制度的实施并非一纸章程，每个制度的现实投入都是需要成本的，在制度的建立过程中，要考虑到该制度投入现实执行所需要的成本，如果在制定时不考虑实际，最终落实就会消耗企业难以承担的金钱和精力，从而导致制度成为一纸空文，甚至不得不被废除。

每一项制度从建立到落实都需要一定的时间，在这段时间内，需要不断地付出新的成本来促进该条款的施行，有些制度由于建立基点过高，施行成本就成为了公司不能承担之重。因此，在决定建立某项制度之前，必须做好必要的成本与收益的预算，在考虑值得不值得之后再制定计划。尤其在建立某项用来放置偶然性状况的制度时，更要考虑其成本是否远远高于其收益。

【赢在落实】 对于非垄断的普通企业而言，资本转嫁公众是不现实的，所以在制定制度之时，一定不能忽视制度的实施成本，否则将在贯彻落实中导致竹篮打水一场空的后果。

10. 落实型制度的五大要素

在企业管理中，规章制度能否被落实是检测该制度是否成功的关键。影响制度能否落实的因素很多，一般而言有以下五个要素：

第一要素：按哪几步做。

制定制度要对制度管理的事物和工作进行深入地分析和理解，制定时要与实际相结合。

第二要素：每步如何做，由谁来做。

在第一要素的基础上，第二要素完成起来就相当容易，在对制度所要规范的事务和工作都分析到位后，管理者只需要通过简洁、朴素、准确的语言和文字就可以概括出每个步骤。再把制度的责任落实到个人，分清权限，落实到各个岗位。

第三要素：每步做的标准是什么。

在企业的经营管理中应该把握一个原则："你不能衡量它，你就不能有效管理它"。为了高效管理，应该做到给每个工作一个期限并且把工作过程尽量书面化的呈现出来，只有这样才能有效地考核员工的效率。

第四要素：做不到怎么办。

想要解决"做不到怎么办"这个问题，就要在制度内制定一个明确的赏罚措施，员工的意志是相对薄弱的，只有把效率和奖罚先挂钩，才能解决"做不到怎么办"的问题。

第五要素：由谁来负责落实和监督。

经过以上几个方面的落实，制度已经相当完善，但是如果在实施过程中，不能确立责任制度有谁负责，那么该制度将难以维系。为了维护制度的存在，保证制度的生命力必须明确地确立专门的负责人。

【赢在落实】 规章制度的制定，都是为了提高管理效率而服务的，只有注重制度的落实，才能使得制度切实可行，从而为企业牟利。

11. 制定制度不可墨守成规

制定规章制度的本身是为了明确一些不清晰的事项，通过明确判断制定共同的一个标准。所以，制度本身是具有时效性的，制度的存在是为了适应时代和环境而制订的，因此它并非不可改变的。

随着社会的变化和时代变迁，旧的规则显而易见地会出现不合理的现象，使得它与现实格格不入，这时，为了企业更加合理的发展，管理制度不可墨守成规，应该根据实际切实地做出相应调整。规章制度的设立必须具有一定的灵活性，使它可以随着时间和环境而变化。

【赢在落实】身为管理者也应该时时关注实际，注意制度与实际冲突产生的不合理现象，从而加以改革。但是改革要经过慎重考虑，切不可操之过急，改之过甚，切忌朝令夕改。

12. 制度缺陷导致责任缺失

制度实质上是从物质和精神等多方面的约束，约束员工按照流程标准工作，是达到尽职尽责的必要手段。如果制度本身具有缺陷，责任界限模糊，没有细分到具体的部门，从而对企业所造成的损失是十分巨大的。

因此，在制定规章制度时，管理者有必要认真地对各个部门的职责进行明确、细致的分工，清晰地界定各个部门所担负的职责，再根据企业的实际进行合理调整。只有做到从制度本身杜绝缺陷的产生，才能确保企业健康发展。

企业制定规章制度要稳中有快，逐步完善，从企业存在的重点问题入手，不追求一步到位，但要保证制度的严谨以及切实可行性。面面俱到等于就是面面不到，只有先做好基本才能逐步增加，当最棘手的问题解决后才能考虑长远的发展。

【赢在落实】企业的职责只能落实到岗位上，而不能落实流动的人员身上，在制定规章制度时，要仔细审核各部门分工，从而确立适合企业实际发展的政策。

13. 不具体的制度必然难以落实

有些企业在制定制度时洋洋洒洒看似很全面，其实对一些制度内容不过是做了抽象、笼统和概括性的规定，大多空话套话，很少有具体措施。

一旦制定的规则不够具体，那么在实施上必然受到阻挠。一套完善的规章制度，不但可以有效地落实企业的政策，还能预防员工钻法律的漏洞。在管理过程中，只有具体的制度才能被实际执行，只有充分运用具体的规章制度才能妥善地处理有过失的员工，笼统模糊的规章只能造成责任的逃避，导致制度形同虚设。

因此，企业在制定规章制度时，不求面面俱到但求全面具体，要求明确，不能描写的过于抽象，不能存在模棱两可的说辞，似是而非只能造成人们的无所适从。

【赢在落实】为了便于落实制度，企业要充分考虑规章制度的实用性和可操作性，每个条款都要明确具体，不可含糊其辞，要采用“谁主管，谁负责”的责任制。

14. 制度要体现“责权利平衡”的原则

责任、权利、利益三者相统一是企业管理的基本原则。责权利三者中任何一点的失衡都会使员工落入不公平的逆反情绪中，从而影响士气导致工作效率的降低，影响企业的发展。

在管理者制定企业制度的时候，应尤为注意三者的平衡，这样才能促进制度的落实，制度的施行不能只通过高度道德来规范，即便运用强制手段也无法百分百确保每个人真的做到公平公正，然而一旦制度与责、权、利三者相结合，那么即便不作出任何指示，行为人也会运用一切合理手段尽量做到平衡，因为一旦不平衡产生，那么吃亏的将会是他自己。

【赢在落实】在企业管理时，不要过于热衷于人员的思想教育上，应该在制度落实方面更加尽心尽力，不然将会流于形式。

15. 制度是死的，人是活的

制度虽然要保证完善，并且要具有强制执行性，但是过于苛刻的制度会令下属惶恐不安，虽然制度是明文规定，但是实施者是活的，所以应该在必要的范围内让制度“活”起来。

一个企业管理的最终目的是“安人”，制度固然重要，但是制度之外的事物已经不能小看。管理者应该站在下属的立场去了解员工的感受，将心比心地适当调整制度，使其实际施行具有一定的弹性，从而获得员工的拥护，得到员工的赞誉，使得员工更加为他尽心尽力。领导赞扬下属的业绩，下属依赖领导的指导，企业最良好的关系莫过如此。

【赢在落实】规程制度虽然是死的，但是人是活的。随着社会发展，企业制定的规章制度必须具有一定的灵活性，要随着时间和环境的变换而变换，与时俱进是优秀领导者的必备素质。

16. 实施和修正制度必须注重细节

细节决定成败，在企业中虽然重大的决策会受到高度的重视，但其实大量的工作都是有一些琐碎而细小繁杂的事务组成的。如果忽略细节，工作将无法良好开展，最终会造成事业的失败，企业的亏损。

托尔斯泰曾说过："一个人的价值不是以数量而是以他的深度来衡量的，成功者的共同特点，就是能做小事情，能够抓住生活中的一些细节。"制定和实施规章制度时不能将就，要关注每一个细节，凡是做到尽善尽美，宁愿多花费时间和金钱去完善，也不要草草了事，最后造成难以弥补的失误。

"天下难事，必做于易；天下大事，必做于细。"精细化的管理是许多著名企业成功的不二法门。任何一个组织，想要取得真正的成功，就必须时刻注重细节，从小处着眼，关注点点滴滴，只有这样才能规避经营中的各种风险，在市场经济的大潮冲击中乘风破浪。

【赢在落实】 制度的制定固然重要，但是一个企业之所以能有杰出的成就，主要是管理层始终把细节制度化地贯彻于整个运行的始终。

17. 不能让两种标准共存

从前在一片森林中生活着一群猴子，他们日出而作日落而息，日子过得平淡幸福。有一天，猴群中的一个猴子见到了一个游客无意中落在森林里的一块手表，很快，这个聪明的猴子明白了手表的用途。然后他成为了猴群中最被拥护的对象，每一只猴子都向他请教确切的时间，在阴雨天，整个猴群的作息也由它来定。逐渐的它树立了自己的威望，成为了猴王。

但是，这只猴王有一次巡视领土时无意中又捡到一块手表，但是两只手表显示的时间却截然不同。猴王无法判断那一只显示是正确的，所以当猴子们询问时间时总是支支吾吾，最终，他威望大减，被新猴王推下宝座。而新猴王也面临着和老猴王一样的烦恼。这就是著名的“手表定律”。

【赢在落实】 公司不应该出台两个互相矛盾的政策，在常规情况下，不能有两种标准同时存在，不然员工将会无法抉择何为正确何为错误，从而影响工作的效率，造成不必要的损耗。

18. 制度要与落实者的切身利益相联系

制度的制定最终为的是落实到管理之中，如果制度失去了赏罚机制，或者赏罚与落实者利益缺少关联性，那最终只能导致制度的形同虚设。

“天下熙熙皆为利来，天下攘攘皆为利往。”关心自己的利益是人的本性，而制度的确立和实施应该顺应这种本性，如何让制度落到实处，是管理者和制度制定者应该思考的最重要的问题。

二战期间，美国空军降落伞供应商的产品质量并不好，但是在军方强制要求降落伞生产商老板完成亲自试跳工作后，降落伞合格率立刻变为100%。只有当责任与个人利益息息相关时，高度的责任意识才能成为可能。

【赢在落实】在企业制定一项制度时，如果把制度的目标与落实者的切身利益最大限度地联系在一起，就很容易得到顺利实现。

【制度样板】

财务现金管理制度

第一条 出纳要认真执行相关法规及《结算制度》的规定，不得超范围使用现金；

第二条 库存现金必须保持在规定的限额（3 万元）内，超额现金应送存银行，确保资金的安全；

第三条 公司所有收款必须交给出纳，由会计开具收款收据，并经出纳签章；

第四条 所有现金付款必须经财务经理审核、总经理签批；

第五条 建立健全现金账目，逐笔登记现金收支，账目要做到日清月结，做到账款相符；

第六条 每月会计需对库存现金进行盘点，并与会计账进行核对，不得挪用公款、以白条及不符合规定的凭证充抵库存现金。